Déficit d'attention et hyperactivité

Stratégies
pour intervenir
autrement
en classe

Thomas Armstrong

Traduction et adaptation
Gervais Sirois

Chenelière
Éducation

Déficit d'attention et hyperactivité
Stratégies pour intervenir autrement en classe

Thomas Armstrong

Traduction de : *ADD/ADHD : Alternatives in the classroom* (ISBN 0-87120-359-6) © 2000 par l'*Association for Supervision and Curriculum Development (ASCD),* une association professionnelle d'éducation internationale sans but lucratif dont le siège social est situé au 1703 North Beauregard Street, Alexandria, Virginia 22311-1714 U.S.A. *ASCD* autorise la maison d'édition Chenelière Éducation à traduire cet ouvrage en français. *ASCD* n'est pas responsable de la qualité de la traduction.

© 2002 Les Éditions de la Chenelière inc.

Coordination : Corrine Danheux
Révision linguistique : Dominique Marot
Correction d'épreuves : Barbara Michaud
Conception graphique et infographie : Louise Besner
Couverture : Josée Bégin

**Catalogage avant publication
de la Bibliothèque nationale du Canada**

Armstrong, Thomas

Déficit d'attention et hyperactivité : stratégies pour intervenir autrement en classe.

(Chenelière/Didactique. Apprentissage)

Traduction de : ADD/ADHD alternatives in the classroom.

Comprend des réf. bibliogr. Et un index.

ISBN 2-89461-713-5

1. Enfants inattentifs – Éducation.   2. Enfants hyperactifs – Éducation.   3. Hyperactivité.   I. Titre.   II. Collection.

LC4713.2.A7614 2001   371.93   C2001-941475-7

**Chenelière
Éducation**

7001, boul. Saint-Laurent
Montréal (Québec)
Canada H2S 3E3
Téléphone : (514) 273-1066
Télécopieur : (514) 276-0324
info@cheneliere-education.ca

ISBN 2-89461-713-5

Dépôt légal : 1er trimestre 2002
Bibliothèque nationale du Québec
Bibliothèque nationale du Canada

Imprimé au Canada

3   4   5   6   7   A   09   08   07   06   05

Nous reconnaissons l'aide financière du gouvernement du Canada par l'entremise du Programme d'aide au développement de l'industrie de l'édition (PADIÉ) pour nos activités d'édition.

Dans ce livre, le masculin a été utilisé dans le but d'alléger le texte. La lectrice et le lecteur verront à interpréter selon le contexte.

Nous tenons à remercier madame Marie Brisebois de l'Université de Montréal pour sa précieuse collaboration dans la recherche bibliographique.

DANGER

LE
**PHOTOCOPILLAGE
TUE LE LIVRE**

Avant-propos

En 1962, Thomas S. Kuhn, professeur à l'Institut de Technologie du Massachusetts, a écrit *The Structure of Scientific
Revolutions*. Ce livre s'est révélé être l'une des plus significatives contributions à l'histoire intellectuelle du XXᵉ siècle
(Kuhn, 1970). L'auteur y introduit le mot *paradigme,* qu'il
décrit comme étant une façon de s'exprimer dans les systèmes de croyances scientifiques. Le paradigme détermine la
structure des questions, des instruments et des solutions que
les scientifiques développent pour expliquer les phénomè-
nes dans des domaines spécifiques tels que la physique, la
chimie et l'astronomie. En tant qu'historien des sciences,
Kuhn décrit comment les systèmes de croyances scientifiques évoluent lorsque certaines anomalies, qui ne semblent
pas correspondre au paradigme accepté, émergent de la
recherche.

Ainsi, au Moyen Âge, les hommes de science croyaient
que la Terre était au centre de l'univers. Ils basaient leurs
convictions sur les minutieux travaux en mathématiques de
Ptolémée, un astronome égyptien du IIᵉ siècle de notre ère.
Au début du XVIᵉ siècle, cependant, un nombre croissant de
scientifiques exprimaient leur insatisfaction vis-à-vis de la
théorie de Ptolémée. Son paradigme ne permettait pas
d'expliquer tous les mouvements des objets célestes et les
incohérences ou anomalies se faisaient de plus en plus nombreuses dans son système. Finalement, l'astronome polonais
Nicolas Copernic élabora un système basé sur la perception
de la Terre tournant autour du Soleil, et non comme un point
fixe autour duquel gravitent les autres corps célestes. Son travail s'avéra une véritable révolution scientifique qui chan-
geait fondamentalement la façon dont on regarderait
désormais l'univers. Ce processus de changement de paradigme ne s'est pas fait en douceur. Le scientifique italien
Galilée, une sommité de l'époque, a été puni par les autorités
de l'Église pour avoir soutenu ce point de vue. Cependant, le
paradigme copernicien a supplanté celui de Ptolémée, et
aujourd'hui il serait encore très difficile pour un observateur

moderne de prétendre que la Terre n'est pas une planète, comme plusieurs autres, qui tourne autour du Soleil.

Au cours de la dernière décennie, les chercheurs ont appliqué le modèle de Kuhn à des domaines autres que celui de la science : le monde des affaires (Barker, 1993), la religion (Berthrong, 1994), la psychologie (Fuller, Walsh & McGinley, 1997) et l'éducation (Foster, 1986). Dans ce livre, j'aimerais appliquer l'approche de Kuhn à l'étude des enfants, particulièrement à ceux qui ont des difficultés à soutenir leur attention, leur concentration et à demeurer assis. Au cours des vingt dernières années, un paradigme a émergé aux États-Unis et au Canada qui tente d'expliquer comment et pourquoi ce genre de comportements apparaît chez certains enfants. Ce paradigme suggère que ces derniers souffrent de ce que l'on peut appeler un « trouble déficitaire de l'attention avec hyperactivité » (TDAH) ou un « trouble déficitaire de l'attention » (TDA). Il nous dit aussi que ces problèmes sont d'ordre biologique et affectent de 3 à 5 % des enfants en Amérique du Nord. Dans cet ouvrage, je questionne ce paradigme (que je nommerai désormais TDA/H) et je prétends qu'il ne constitue qu'une approche limitée et superficielle du regard porté sur les enfants qui ont des difficultés d'attention et de comportement.

Selon moi, le paradigme TDA/H n'explique pas adéquatement les diverses anomalies que l'on trouve dans les ouvrages spécialisés. J'explorerai donc d'autres perspectives apportant une lumière nouvelle sur le comportement de ces enfants. J'étudierai cette problématique selon divers points de vue : historique, socioculturel, cognitif, éducatif, psychoaffectif et du développement. Je ne suis le défenseur d'aucun de ces points de vue. Je cherche plutôt un nouveau paradigme qui regrouperait chacun de ceux-ci (y compris le point de vue biologique) dans un cadre de travail « holistique » qui prendrait en compte les besoins de l'enfant dans son intégralité.

Je présenterai ensuite plusieurs stratégies pratiques que le corps professoral en enseignement régulier ou adapté pourra utiliser pour répondre aux besoins des enfants ayant des difficultés d'attention ou de comportement. Ces stratégies couvrent tous les aspects du monde de l'enfant : cognitif, éducatif, émotionnel, interpersonnel, physique, écologique, comportemental et biologique. Je souhaite, par cette approche qui se veut la plus large possible, pouvoir aider les éducateurs à sortir de ces ornières étroites engendrées par la popularité excessive du paradigme TDA/H, et leur permettre de revenir à des principes éducatifs sains et efficaces.

Thomas Armstrong
Sonoma County, Californie
Décembre 1999

Table des matières

Les limites et les postulats du paradigme TDA/H

Au cours des vingt dernières années, une nouvelle façon de considérer les enfants ayant des problèmes d'attention et de comportement a considérablement progressé dans l'acception générale, et ce, à tous les niveaux de la société. Je parle du trouble déficitaire de l'attention (TDA) et du trouble déficitaire de l'attention avec hyperactivité (TDAH). Mis récemment sur le devant de la scène par certains best-sellers (Hallowell & Ratey, 1994a, 1994b) et par la couverture de la presse populaire (Glusker, 1997 ; Hales & Hales, 1996 ; Machan, 1996 ; Wallis, 1994), le TDA/H (trouble déficitaire de l'attention avec ou sans hyperactivité) est devenu un terme familier à des milliers de Nord-Américains. De nombreux guides destinés aux parents et au personnel enseignant sont apparus expliquant ce qu'est le TDA/H, ce qui le cause, et comment il peut être diagnostiqué et traité (Barkley, 1995 ; Cohen, 1997 ; Green & Chee, 1998). Depuis les années 1980, les chercheurs ont publié des milliers de communications scientifiques relatives à ce sujet (Resnick & McEvoy, 1994). Ce problème a retenu l'attention des psychiatres (American Psychiatric Association, 1994), de la médecine générale (Goldman, Genel, Bezman & Slanetz, 1998), du gouvernement (Viadero, 1991), et de toutes les écoles à travers les États-Unis (Smallwood, 1997).

Qu'est-ce que le TDA/H ? Ou, plus exactement, quelle est la structure du paradigme TDA/H ou le point de vue qu'il soutient? Bien que les défenseurs du paradigme TDA/H puissent être en désaccord concernant certaines analyses, notamment celles qui avancent que le TDA/H est sur-diagnostiqué (Ingersoll, 1995; Gordon, 1995), beaucoup de professionnels, de parents et d'autres partisans du paradigme TDA/H en sont venus à un consensus sur l'existence d'un réel problème. Ce consensus s'appuie sur plusieurs postulats de base:

◆ Le TDA/H est un problème biologique (plus probablement d'origine génétique).

◆ Les premières manifestations du trouble sont l'*hyperactivité*, l'*impulsivité* et la *« distractibilité »*. Un enfant peut avoir certains de ces symptômes et non les autres (par exemple, le TDA n'inclut pas l'hyperactivité dans ses symptômes, alors que le TDAH oui).

◆ Ce problème affecte de 3 à 5 % des enfants et des adultes à travers les États-Unis (et probablement à travers le monde).

◆ Le TDA/H peut être évalué de plusieurs façons, ou par combinaisons de plusieurs méthodes: l'historique médical; les observations sur l'enfant en divers contextes; l'utilisation d'échelles de mesure en liaison avec ces observations; la réalisation de tâches successives dans le but d'évaluer des traits comme la vigilance; et des tests psychologiques mesurant la mémoire, l'apprentissage et divers aspects relatifs au fonctionnement général.

◆ Les approches les plus efficaces pour traiter le TDA/H sont la médication et la modification du comportement.

◆ Plusieurs de ces enfants continueront à subir les effets du TDA/H tout au long de leur vie.

◆ Un enfant peut souffrir du syndrome du TDA ou du TDAH combinés à d'autres problèmes, comme des difficultés d'apprentissage, des troubles d'anxiété ou de l'humeur.

Dans ce chapitre, je traiterai de chacun de ces postulats et décrirai leurs anomalies respectives, lesquelles, lorsque prises comme un tout, ont tendance à remettre en question la crédibilité du paradigme TDA/H.

POSTULAT 1 :
Le TDA/H est un problème biologique

Le dogme biologique semble constituer le fondement de ce paradigme. Croire que le TDA/H est un dysfonctionnement biologique lui donne l'approbation de la médecine moderne, ce qui semble le placer dans une position inattaquable vis-à-vis des allégations venant de personnes appartenant à des secteurs d'activités moins prestigieux comme la sociologie, la psychologie ou l'éducation.

Je voudrais mettre l'emphase sur trois avenues majeures d'enquête relatives aux bases neurobiologiques du TDA/H: la tomographie par émission de positrons qui étudie le métabolisme du glucose cérébral, l'imagerie par résonance magnétique qui étudie les différences structurelles entre le cerveau étiqueté « TDA/H » et le cerveau « normal », et les études génétiques.

Les études basées sur la tomographie par émission de positrons

L'événement qui, dans l'histoire du paradigme TDA/H, a le plus attiré l'attention en en faisant un problème médical est sans doute l'étude basée sur la tomographie par émission de positrons menée par A. J. Zametkin et ses collègues du National Institute of Mental Health de Bethesda, au Maryland (Zametkin *et al.*, 1990). Durant cette recherche, on a injecté du glucose radioactif à des groupes d'adultes identifiés « hyperactifs » et à d'autres considérés « normaux ». Les scientifiques ont ensuite suivi le parcours de cette substance dans l'organisme grâce à la tomographie par émission de positrons tandis que les sujets étaient soumis à des tâches auditives simples faisant appel à l'attention. Ces observations ont révélé que le groupe d'« hyperactifs » avait un métabolisme nettement plus faible au niveau des lobes préfrontaux. Cette zone du cerveau joue un rôle important dans le contrôle de l'attention et de l'activité motrice. Les médias ont accordé un intérêt tout particulier à cette étude allant jusqu'à la considérer comme « la preuve » que le TDA/H est un problème médical (Elmer-De Witt, 1990 ; Kolata, 1990 ; Squires, 1990).

Cependant, lorsque, trois ans plus tard, Zametkin et ses collègues ont tenté de reproduire cette étude avec des adolescents, ils n'ont trouvé aucune différence significative entre les groupes « hyperactifs » et les groupes « normaux ». Ils échouèrent également à trouver des différences notables dans le métabolisme cérébral de jeunes filles « hyperactives » (Ernst *et al.*, 1994). Comme le signale Rapoport (1995), « [parce que] la tomographie par émission de positrons peut être compliquée et difficile à réaliser correctement [...] il a été très dur de reproduire les résultats. »

Même si les chercheurs avaient trouvé des différences significatives entre le taux métabolique de glucose cérébral mesuré par ce moyen dans des cerveaux dits « normaux » et « hyperactifs », on ne peut affirmer que ces différences viennent de problèmes neurologiques inhérents aux groupes étiquetés « hyperactifs ». Des recherches plus récentes prétendent que l'environnement peut avoir un très grand effet sur le métabolisme cérébral. Jeffrey M. Schwartz et ses collègues de l'école de médecine de l'UCLA ont pu démontrer des changements systématiques dans les taux métaboliques de glucose cérébral après l'application réussie d'un traitement ayant pour objectif la modification de comportements chez des individus identifiés comme des obsessionnels-compulsifs (Schwartz, Stoeseel, Baxter, Martin & Phelps, 1996). Si l'environnement peut provoquer des variations positives dans les taux métaboliques du glucose cérébral, il peut sans doute aussi provoquer des changements négatifs.

Comme le démontre le prochain chapitre, des facteurs comme le stress, les désaccords familiaux et les pressions culturelles peuvent jouer un rôle important dans l'apparition des comportements associés à la problématique TDA/H chez certaines personnes. Les facteurs environnementaux peuvent très bien interagir avec la chimie du cerveau pour créer ce qui ressemble à un « cerveau anormal », mais qui demeure malgré cela un cerveau tout à fait normal réagissant à un « environnement anormal ».

Les études basées sur l'imagerie par résonance magnétique ou IRM

L'utilisation de la technologie IRM a permis aux scientifiques de comparer des éléments structurels du cerveau de personnes que nous appelons « TDA/H » à celui de personnes que nous considérons « normales ». Grâce à cette technique, Jay Giedd et ses collègues du National Institute of Mental Health ont comparé certaines zones du corps calleux (un groupe de fibres nerveuses qui relient l'hémisphère droit à l'hémisphère gauche) de 18 garçons étiquetés TDAH à celui de 18 garçons dits « normaux » (Giedd *et al.*, 1994). Ils ont découvert que dans le groupe « TDAH », ce corps calleux était plus petit au seuil de signification de 0,05.

Cette étude, et d'autres semblables, sont utilisées pour affirmer que le cerveau des enfants étiquetés TDAH est anormal. Cependant, ces recherches expliquaient « n'avoir trouvé aucune anormalité significative chez aucun sujet » à partir des mesures basées sur l'IRM (Giedd *et al.*, 1994, p. 666). De plus, aucune corrélation n'a été découverte entre les différences du cerveau et les mesures du niveau de concentration chez les enfants identifiés comme ayant des « déficits de l'attention ». Les différences constatées dans le groupe « TDAH » étaient très subtiles et ne se retrouvaient que dans deux des sept régions mesurées, régions en liaison avec les fonctions prémotrices. Plus important encore, même si ces différences neuroanatomiques existent réellement (en supposant que des études futures puissent confirmer ces résultats), elles ne sont que des différences et non des « désordres ».

Nous devons éviter de « pathologiser » si rapidement des personnes, en nous basant sur des différences subtiles constatées dans le cerveau. Sinon, nous risquons de sombrer dans la version neurologique moderne des pièges semblables à ceux dans lesquels les docteurs du XVIIIe et du XIXe siècle sont tombés lorsqu'ils ont utilisé des éléments du visage ou des caractéristiques externes de la tête pour déterminer qui avait des tendances criminelles ou d'autres aspects moraux inquiétants (voir Gould, 1981, pour une perspective historique). Permettez-moi cette métaphore : Si les jardiniers traitaient les fleurs comme les psychiatres traitent leurs patients « TDAH », nous entendrions des expressions comme « Ce lys a un problème de déficit de pétale ! » ou « Mon lierre est devenu hyperactif ! » Nous devrions entrevoir la possibilité que la diversité neurologique constitue peut-être un développement potentiellement tout à fait sain.

Les études génétiques

La croyance en la nature biologique des troubles déficitaires de l'attention avec ou sans hyperactivité nous vient aussi des études génétiques. Lorsque l'équipe de l'Université Irvine, en Californie, proclama avoir découvert chez les enfants souffrant de TDAH un gène spécifique (le gène récepteur de dopamine D4) associé au comportement de « recherche de nouveauté » (LaHoste *et al.*, 1996), cela eut presque autant de retentissement que l'étude de Zametkin (Maugh, 1996).

Quelques mois plus tard (Malhatra *et al.*, 1996), ce lien fut questionné dans le journal *Molecular Biology*. Plus récemment, un nouvel article de cette revue suggérait qu'il n'y avait pas de rapport entre ce gène et le cerveau des personnes souffrant du syndrome TDAH (Castellanos *et al.*, 1998).

Dans une autre étude qui a reçu beaucoup de publicité (*Hyperactive Behavior in English Schoolchildren* de Taylor & Sandberg, 1984), les chercheurs du National Institute of Mental Health prétendaient que certains cas de TDAH étaient dus à des problèmes de la thyroïde causés par des mutations dans un de ses gènes récepteurs (Hauser *et al.*, 1993). Cependant, une recherche ultérieure sur 132 enfants étiquetés TDAH ne révélait aucune évidence d'un dysfonctionnement cliniquement significatif de la thyroïde (Spencer, Biederman, Wilens & Guite, 1995).

La tentative de construire une preuve du fondement génétique du TDAH s'avère extrêmement complexe. Comment pourrions-nous réduire les sentiments, les comportements et les pensées d'une personne à un simple gène (un gène « TDAH ») ou même à un ensemble de tels gènes ? Comme l'explique le professeur émérite de biologie de Harvard, Ruth Hubbard, à propos des difficultés d'apprentissage dans un contexte éducatif :

> Il y a une distance énorme entre un gène et la protéine dont la synthèse est impliquée dans un comportement complexe comme des « difficultés d'apprentissage ». Les psychologues et les élèves doivent comprendre cela et cesser d'attendre des retombées pratiques par des corrélations sursimplifiées (Hubbard & Wald, 1993, p. 129).

De plus, les caractéristiques associées au TDAH sont très généralisées et peuvent s'avérer très différentes selon les contextes. Les médias ont décrit le gène récepteur de dopamine D4 comme celui de la « recherche de nouveauté », ou de la « prise de risque ». Chacun de ces termes implique des choses différentes, certaines plus positives que d'autres. La prise de risque nous apparaît associée au danger, tandis que la recherche de nouveauté peut sembler plus constructive. Dans une recherche dont je parle au chapitre suivant, les traits d'une personne créative (incluant un penchant pour la recherche de nouveauté) ressemblent beaucoup aux « symptômes » du TDAH. Peut-être ces traits sont-ils héréditaires, bien que deux études laissent entendre qu'ils ne le sont pas (Castellanos *et al.*, 1998 ; LaHoste, 1996). Cela signifie-t-il que ce que nous appelons « TDAH » soit génétique ? Cette relation de cause à effet relève d'un acte de foi.

Les traits génétiques ne sont pas nécessairement des facteurs immuables inscrits dans notre nature depuis notre conception. De récentes enquêtes nous suggèrent que l'environnement peut avoir un rôle beaucoup plus grand à jouer dans la modification du matériel génétique que nous ne l'avions cru possible. Des scientifiques de l'Université McGill ont séparé des rats nouveaux-nés de leur mère soit pour une période de quinze minutes ou pour une période de six heures par jour. Un des chercheurs, Michael Meaney, déclarait: « Nous avons découvert que les récepteurs [de certains produits chimiques du cerveau] et le gène de ces récepteurs ont tous deux été altérés suite au stress de la séparation du groupe des "six heures" » (Begley, 1996, p. 57).

Est-il possible que ce stress ou d'autres influences environnementales puissent jouer un rôle dans la perturbation du plan génétique relatif à la circulation des neurotransmetteurs dans le cerveau des enfants identifiés TDA/H? Il deviendrait alors difficile de prétendre que le TDA/H est purement un problème biologique ou médical. Il s'agirait plutôt d'un mélange inextricable entre des prédispositions génétiques et des facteurs environnementaux.

Le déficit de l'attention avec hyperactivité ressemble beaucoup plus à des interactions complexes entre le cerveau et le monde environnant qu'à des troubles médicaux dont la source réside dans les gènes ou dans la chimie du cerveau de l'enfant. Malheureusement, notre culture a préféré s'engager dans une interprétation « bioréductionniste » des traits et caractéristiques de ce problème plutôt que de le considérer comme une variation naturelle du spectre humain. Brian Goodwin, biologiste, suggère : « Nous devons développer une nouvelle façon de faire de la biologie en allant au-delà des gènes et en développant une façon intuitive de percevoir les organismes dans leur globalité » (cité dans Blakeslee, 1997). L'aspect biologique devrait être une part importante de la perception holistique de l'enfant étiqueté TDA/H. Cependant, il ne devrait pas prendre le rôle central et réducteur qu'il occupe dans ce paradigme dominant actuel.

POSTULAT 2 :
Les premiers symptômes du TDA/H sont l'hyperactivité, la « distractibilité » et l'impulsivité

La présence des symptômes d'hyperactivité, de « distractibilité » et d'impulsivité chez les écoliers est un fait observé. Cependant, prétendre qu'ils constituent des manifestations évidentes de quelque chose que nous appelons « trouble déficitaire de l'attention avec hyperactivité » nous plonge dans le domaine des croyances, croyances qui peuvent être questionnées. En effet, ces indices constituent probablement les types de comportements les plus répandus durant l'enfance et l'adolescence. On peut les observer plus particulièrement pendant les premières années et l'adolescence. Mais on peut également les percevoir à d'autres périodes de l'existence sous l'influence du stress, de l'ennui, de l'excitation, etc. Un enfant peut être hyperactif, distrait ou impulsif parce qu'il est déprimé, anxieux, allergique au lait, très créatif, ennuyé par le travail scolaire, incapable de lire, ou en difficulté passagère, ou pour toute une série d'autres facteurs. Comment pouvons-nous être précis dans l'identification du TDA/H si nous basons le diagnostic – et l'étiquetage des enfants – sur une combinaison de trois types de comportements parmi les plus répandus? Quelle certitude pouvons-nous avoir?

De plus, certaines études suggèrent que chez la plupart des enfants identifiés TDA/H, les symptômes d'hyperactivité, de « distractibilité » et d'impulsivité peuvent décroître en intensité et même disparaître dans les contextes psychosociaux suivants :

◆ une relation de personne à personne (voir Barkley, 1990, p. 56-57);

◆ dans des situations où ils sont payés pour accomplir une tâche (voir McGuinness, 1985, p. 205);

◆ dans des environnements où on retrouve de la nouveauté et un haut niveau de stimulation (voir Zentall, 1980);

- dans des contextes où ils peuvent contrôler le rythme de l'expérience d'apprentissage (Sykes, Douglas & Morgenstern, 1973);

- pendant les moments où ils interagissent avec une image de l'autorité masculine plutôt que féminine (Sleator & Ullmann, 1981).

Les symptômes du TDA/H semblent donc être très liés au contexte. L'imprécision des critères comportementaux utilisés pour établir un diagnostic a entraîné une production de plus en plus abondante de publications critiques vis-à-vis de ce paradigme (Armstrong, 1997; Goodman & Poillion, 1992; McGuinness, 1989; Reid, R., Maag & Vasa, 1993). Il en va de même lorsque nous examinons les outils d'évaluation.

POSTULAT 3 :
Les problèmes de déficit d'attention et d'hyperactivité affectent de 3 à 5 % des enfants

L'American Psychiatric Association (1994, p. 82), dans sa quatrième édition du *Diagnostic and Statistical Manual of Mental Disorders*, mentionne que de 3 à 5 % des jeunes élèves souffrent du TDAH; et maintes sources d'information relatives à ce syndrome se sont appuyées sur celle-ci (CH.A.D.D., 1994; Wallis, 1994). Cependant, une recension élargie des textes d'analyses démontrera une gamme diversifiée de perceptions quant à l'incidence de ce problème. En voici quelques exemples :

- Un article destiné aux médecins de famille dit que « la fréquence reportée de cette affection selon les pratiques cliniques est de 6 à 8 % » (Johnson, 1997, p. 155).

- Un ouvrage de référence dans le milieu de l'éducation explique : « Les experts estiment que de 3 à 10 % des enfants scolarisés sont affectés. Le pourcentage rapporté le plus souvent dans les textes varie de 3 à 5 %. Mais il est fort probable que cette sous-estimation soit due au fait

que beaucoup de filles TDA ne sont pas diagnostiquées »
(Reif, 1993, p. 3).

◆ Le livre de Russell Barkley sur le TDA/H relate des variations de 1 à 20 %. Il fait ressortir que toute représentation
de son incidence est « grandement dépendante de la
façon dont on choisit de le définir, de la population étudiée, du lieu géographique de l'enquête, et même du
degré d'acceptation requis de la part des parents, des
enseignants et des professionnels » (Barkley, 1990, p. 61).

Dans ses commentaires, Barkley prétend que la définition
de ce syndrome est encore imprécise et dépend pour beaucoup de décisions subjectives d'un groupe de personnes qui
ne semblent pas s'entendre sur ce qui le constitue véritablement (McGuinness, 1989). On ne retrouve qu'une seule situation où des cliniciens des États-Unis et de Grande-Bretagne
ont considéré que les symptômes associés au TDAH n'affectent qu'une très petite proportion de la population totale
(moins de 1 %) (voir Goodman & Poilion, 1992 ; Taylor &
Sandberg, 1984). Toutefois, les dernières années ont vu une
importante « dérive » vers des pourcentages de plus en plus
élevés. Récemment, Ratey et Johnson (1998) prétendaient
qu'il en existe sans doute diverses variétés, ce qui pourrait
élargir le « filet TDAH » sur une plus grande proportion de la
population. Que ce type de problème puisse être considéré
comme un phénomène grandissant (plus de 10 %) alors qu'il
y a à peine vingt ans, il était virtuellement inconnu devrait
nous amener à nous questionner. Se pourrait-il que ce paradigme soit en train de stigmatiser des aspects du comportement jusqu'alors considérés comme une diversité normale en
une aberration pathologique ? Si tel est le cas, cette médicalisation à outrance du comportement ne pourrait-elle pas se
produire dans d'autres sphères de l'activité humaine ? Ne
pourrions-nous pas voir bientôt d'autres aspects être
qualifiés de désordre de la personnalité (par exemple : problème de déficit de courage, problème de déficit de vérité,
problème de déficit d'ambition) ?

POSTULAT 4 :
Les troubles déficitaires de l'attention avec ou sans hyperactivité peuvent être diagnostiqués de différentes façons

Comme il apparaît dans la section précédente, la variation dans le nombre de personnes susceptibles d'être affectées semble être directement reliée aux difficultés des méthodes d'évaluation utilisées. Comme l'indique la quatrième édition du *Diagnostic and Statistical Manual of Mental Disorders* : « Il n'existe aucun test de laboratoire permettant d'établir un diagnostic à la suite d'une évaluation clinique du déficit de l'attention avec hyperactivité » (American Psychiatric Association, 1994, p. 81).

En conséquence, les professionnels doivent l'établir en utilisant divers instruments et méthodes qui présentent des problèmes importants de corrélation et de validité.

Les examens médicaux

Ce qui, *a priori*, semble constituer l'une des meilleures approches, une visite chez un spécialiste, s'avère être l'une des moins fiables. En effet, les recherches nous apprennent que dans 80 % des cas, les symptômes du TDAH « disparaissent » dans le bureau du médecin (Sleator & Ullman, 1981). On explique ce phénomène par les relations de personne à personne avec une autorité (habituellement) masculine dans un nouvel environnement. Des facteurs qui, comme nous l'avons vu précédemment, réduisent ou éliminent les symptômes associés au TDA/H. Cette évaluation pour ne pas être faussée doit plutôt utiliser deux autres méthodes :

◆ l'observation et les échelles de classement ;
◆ la réalisation de tâches successives et les tests psychologiques.

Les échelles de classement des comportements

Les échelles de classement des comportements consistent essentiellement en «listes de contrôle» composées d'items ayant un lien avec la capacité d'attention de l'enfant et avec ses comportements à la maison et à l'école. Ainsi, on demandera aux enseignants de situer l'enfant sur une échelle de 1 (presque jamais) à 5 (presque toujours) constituée d'énoncés de comportements tels que «Ne tient pas en place (les mains bougent toujours)», «Agité (se tortille sur sa chaise)», et «Peut suivre une séquence d'instructions».

La principale difficulté avec ce type d'instruments, c'est qu'ils s'appuient entièrement sur des jugements *subjectifs*. Comment un enseignant peut-il noter un élève sur «Agité (se tortille sur sa chaise)»? Peut-être que l'enfant s'agite lorsqu'on lui demande d'exécuter un test ou de compléter une feuille de travail, mais qu'il ne bouge pas quand on lui propose d'exécuter une activité manuelle. Il n'y a pas de case pour ce genre de distinctions sur l'échelle de classement. Plus encore, il y a des jugements de valeur rattachés à un énoncé tel que «se tortille sur sa chaise». Cela semble impliquer que bouger est une mauvaise chose, ce qui entraîne un diagnostic TDAH. Mais qu'en est-il si l'enfant se tortille en raison de l'excitation et de l'anticipation d'apprendre quelque chose de nouveau, ou encore si c'est une caractéristique personnelle d'une nature très physique? Alors que des échelles de ce genre mettent l'emphase sur l'identification de l'*hyperactivité*, elles pourraient aussi parler statistiquement d'un autre pôle, l'*hypoactivité* (l'enfant apathique). Or, il n'existe aucune grille d'identification et de traitement de l'enfant hypoactif. La validité de ces échelles est sujette à caution. Elles sont si difficiles à construire qu'elles n'arrivent que rarement à faire l'unanimité auprès de ceux mêmes qui les utilisent (McGuinness, 1985, 1989; Reid & Magg, 1994).

La réalisation de tâches successives

La réalisation de tâches semble avoir réglé le problème de subjectivité des échelles de classement en confiant l'évaluation à une machine (habituellement à un ordinateur). Il s'agit d'actions répétitives qui demandent que l'enfant demeure alerte et attentif tout au long du test. Les premières versions furent développées afin de choisir des candidats à l'opération de radars durant la Seconde Guerre mondiale. Leur pertinence en fonction de la vie des enfants d'aujourd'hui semble hasardeuse.

L'un de ces instruments consiste en une boîte de plastique comportant un gros bouton à l'avant et un écran électronique au-dessus affichant des nombres lumineux en séries aléatoires. On demande à l'enfant d'appuyer sur le bouton à chaque fois qu'un « 1 » est suivi d'un « 9 ». Le nombre de « coups réussis » et de « coups ratés » est enregistré par l'appareil. Outre le fait que cette tâche ne ressemble à rien d'autre qu'il ait déjà fait, cet instrument calcule un score objectif constituant une mesure importante de la probabilité de TDAH. Plus récemment, on a aussi utilisé l'imagerie par résonance magnétique fonctionnelle pour démontrer des différences dans l'activité cérébrale de jeunes garçons et de jeunes filles diagnostiquées TDAH et d'autres considérés comme normaux (Vaidya *et al.*, 1998). En réalité, cela nous dit seulement comment se comportera un enfant si on le force à observer une série de nombres sans signification apparaissant sur une machine machiavélique.

Ces types d'évaluations décontextualisées tentent de poser des jugements sur l'enfant dans son intégralité, et ce, à partir d'une expérience artificielle et ponctuelle. En conséquence, leur validité, au sens le plus large possible du mot, demeure très problématique.

Les tests psychologiques

Les éducateurs et les psychologues ont utilisé d'autres instruments normatifs de diagnostic dans leur volonté de distinguer les groupes TDA/H des groupes non TDA/H. Parmi ceux-ci, on retrouve :

◆ le *Matching Familiar Figures Test* (MFFT) ;
◆ l'Échelle d'intelligence pour enfants de Wechsler ;
◆ le *Wisconsin Card Sort Test*.

De nombreuses sommités dans ce domaine estiment que ces évaluations sont trompeuses (Barkley, 1990, p. 330-332).

POSTULAT 5 :
L'approche la plus efficace pour traiter le TDA/H est l'administration de psychostimulants comme le Ritalin

La recherche démontre l'efficacité des médications comme le méthylphénidate hydrochloride (Ritalin). Ce dernier diminue les mouvements moteurs, petits et grands, et accroît l'attention, particulièrement pour des tâches structurées comme celles que l'on retrouve en classe (Abikoff & Gittelman, 1985).

La médication est aussi associée à l'amélioration du respect des consignes du personnel enseignant ou des parents ; à la diminution de l'agressivité envers les pairs ; et à l'amélioration des relations sociales (Swanson *et al.*, 1993). Si le sens du mot efficace relève de ces types de changements de comportements observables, alors ce postulat relatif au paradigme du TDA/H peut être considéré comme exact.

Cependant, certains problèmes inhérents à l'utilisation du Ritalin peuvent limiter sa véritable « efficacité » au sens intrinsèque du mot. Comme Swanson et ses collègues le signalaient en 1993, les bénéfices de la médication stimulante sont temporaires. Le Ritalin est une drogue à effet de courte durée. Par conséquent, ce n'est en aucune façon une « cure » ou même une sérieuse tentative de s'attaquer à la racine de ce que peut-être le TDA/H. Il ne procure qu'un soulagement des symptômes.

Parce qu'il fonctionne très efficacement et qu'il réprime l'hyperactivité, l'impulsivité et la « distractibilité » de l'enfant, les parents, les enseignants et les professionnels peuvent croire que le problème a été résolu. Cela les amène à négliger les approches non médicales qui pourraient agir beaucoup plus profondément au cœur des difficultés de comportement et d'attention de l'enfant comme la détresse émotionnelle et les problèmes d'apprentissage.

Le Ritalin comporte aussi certains inconvénients spécifiques que beaucoup de spécialistes du sujet ont ignorés ou minimisés. Voici quelques-uns de ces désavantages :

1. Le Ritalin peut subtilement miner le sens des responsabilités de l'enfant en l'amenant à attribuer la cause de son comportement positif ou négatif à une drogue (par exemple : « La raison pour laquelle je l'ai frappé, c'est que j'ai oublié de prendre ma pilule aujourd'hui ! » (Pelham *et al.*, 1992 ; Whalen & Henker, 1980 ; Whalen, Henker, Hinshaw, Heller & Huber-Dressler, 1991).

2. Bien qu'il n'y ait aucune preuve évidente que le Ritalin ou d'autres psychostimulants entraînent une toxicomanie, il semble tout de même imprudent de se tourner trop rapidement vers cette drogue comme première solution à un problème existentiel. En effet, la recherche nous apprend que certains jeunes identifiés TDA/H peuvent développer des problèmes de dépendance à ces substances à l'âge adulte (Mannuza, Klein, Bessler, Malloy, & LaPadula, 1993). Le Ritalin est chimiquement similaire (bien que très différent dans ses processus de métabolisation organique) à la cocaïne (Volkow *et al.*, 1995). Il est démontré que les rats à qui on a administré ce médicament durant la croissance seront davantage enclins à développer une dépendance à la cocaïne que les rats qui n'y ont pas été antérieurement soumis (Drug Enforcement Administration, 1995). Compte tenu de l'information précédente et sachant que le Ritalin peut provoquer une intense sensation d'euphorie chez les enfants plus âgés et chez les adolescents (Corrigall & Ford, 1996), qu'il a de plus été consommé abusivement en tant que drogue et non comme médicament (Handcock, 1996 ; Manning, 1995), il me semble que ce sont là des raisons suffisantes pour ne pas se tourner automatiquement vers cette substance comme première solution à l'hyperactivité, l'impulsivité et la distraction. Surtout si d'autres approches non médicales peuvent s'avérer tout aussi efficaces.

3. Bien des enfants n'aiment pas consommer des psychosti-mulants car cela les fait se sentir «bizarres», «étranges», et «différents des autres», et que cela provoque aussi un certain nombre d'effets secondaires comme la nausée et l'insomnie (Sleator, Ullmann & Neumann, 1982; Gibbs, 1998).

4. L'utilisation de médicaments comme le Ritalin peut être invoquée comme cause de disqualification pour le service militaire ou pour la participation à certaines disciplines sportives intercollégiales (Dyment, 1990; Zoldan, 1997).

Il faut certes éviter de considérer l'utilisation du Ritalin avec l'attitude paranoïaque que certaines personnes ou cer-tains groupes ont affichée envers la fluoration de l'eau (Cowart, 1988; Safer & Krager, 1992).

Il est clair que le Ritalin a sa place dans une approche holistique du phénomène de l'attention ou des difficultés de comportement (American Academy of Pediatrics, 1987; Turecki, 1989, p. 231). Dans un tel contexte, cette médication pourrait s'avérer un outil très puissant et utile pour traiter les enfants dont les complications ont des origines biologiques.

Le modèle que je propose dans ce livre n'estime pas que le facteur biologique constitue le «cœur du problème» (au moins pour un bon nombre d'enfants définis sous le terme TDA/H), il le considère plutôt comme un facteur parmi tant d'autres (voir le chapitre 2). C'est pourquoi je prétends que les éducateurs ne devraient pas envisager l'usage du Ritalin (et l'usage d'autres drogues psychoactives) comme «le pre-mier et le plus efficace des traitements», mais comme l'un parmi une vaste gamme d'outils possibles auxquels les péda-gogues et les parents peuvent faire appel pour aider les enfants ayant des difficultés de comportement et d'attention. Le problème avec le Ritalin, ce n'est pas que les enfants le prennent, mais que beaucoup de parents et de professionnels se tournent vers cette solution trop rapidement et encou-ragent son utilisation pour bien des jeunes qui n'en ont pas réellement besoin lorsqu'on leur donne accès à un éventail de stratégies plus étendu (Breggin, 1998; Diller, 1998; Divoky, 1989; Garber, Garber & Spizman, 1997).

POSTULAT 6 :

Bon nombre d'enfants continueront d'éprouver des troubles déficitaires de l'attention avec ou sans hyperactivité tout au long de leur vie

Conformément à ce que disent les textes traitant du TDA/H, les gens pensent que les symptômes qui y sont associés disparaissent après l'enfance. Néanmoins, la recherche nous révèle actuellement que certaines personnes identifiées TDA/H continueront à manifester ces « désordres » à l'adolescence et même à l'âge adulte (American Psychiatric Association 1994 ; Klein & Mannuza, 1991). Ces découvertes ont stimulé une nouvelle croissance de l'industrie autour du TDA/H, plus forte encore que celle développée originellement pour les enfants : elle a pour cible les besoins de l'« adulte TDA/H » (Sudderth & Kandel, 1997).

Une conclusion est la plupart du temps absente des discussions relatives à cette nouvelle recherche : si certains enfants souffrant du syndrome TDA/H continuent à manifester des troubles de comportement à l'âge adulte, on peut penser que pour certains enfants identifiés TDA/H, le problème disparaîtra ! Comme l'explique la quatrième édition du *Diagnostic and Statistical Manual of Mental Disorder* :

Chez la plupart des individus, les symptômes s'atténueront à la fin de l'adolescence ou à l'âge adulte, bien qu'une minorité ressentiront l'ensemble de ces symptômes de déficit d'attention et de problème d'hyperactivité à l'âge adulte, alors que d'autres adultes peuvent ne retenir que quelques-uns des symptômes. Dans ce cas, le diagnostic « TDA/H en rémission partielle » sera utilisé (American Psychiatric Association, 1994, p. 82).

Certaines études sur ce sujet suggèrent qu'à l'âge adulte, les individus apprennent à contrôler, ou à compenser, ou encore à se débrouiller avec leurs caractéristiques TDA/H.

On pourrait dire la même chose d'une autre manière : ils deviennent matures et sont alors capables d'être moins hyperactifs ou de canaliser cette hyperactivité dans des comportements sociaux plus appropriés.

Lorsque ce type d'arguments est utilisé, nous sortons alors du paradigme biologique – sur lequel est basé le TDA/H – pour entrer dans celui du développement, lequel pose des postulats sur l'apprentissage et la croissance différents de ceux des adhérents à la thèse biologique du TDA/H (voir le chapitre suivant pour une exploration plus approfondie de cette perspective). Bien que certains puissent prétendre que « bon nombre d'enfants réussissent à compenser leurs symptômes à l'âge adulte », d'autres affirment que « les personnes ayant eu un comportement hyperactif durant leur enfance découvrent la valeur de l'hyperactivité à l'âge adulte et apprennent à mieux l'utiliser dans leur vie ».

Dans la théorie du « verre à moitié vide » du TDA/H, le problème persiste à l'âge adulte mais il est « diminué » ou « en rémission ». Dans la théorie holistique du développement du « verre à moitié plein », la personne grandit, évolue et découvre que bien des choses lui occasionnant tant de difficultés pendant son enfance sont exactement les mêmes traits qui lui ont permis de connaître le succès à l'âge adulte.

POSTULAT 7 :
Un enfant peut souffrir de troubles déficitaires de l'attention avec ou sans hyperactivité, combinés à d'autres difficultés

Cette présupposition affirmant qu'un enfant identifié TDA/H peut en même temps souffrir d'autres désordres, comme des difficultés d'apprentissage ou des troubles d'anxiété et de l'humeur, sous-entend qu'il existe différentes sous-catégories de TDA/H. Ce dernier postulat du paradigme est sans contredit le plus délicat.

Comme je l'ai expliqué précédemment, plusieurs problèmes découlent de la définition du TDA/H. Comme le démontre le prochain chapitre, les chercheurs ont découvert plusieurs autres façons d'expliquer l'hyperactivité, l'impulsivité et la « distractibilité ». La seconde partie expliquera comment un enfant peut être hyperactif parce qu'il est anxieux ou dépressif, ou frustré lorsqu'il apprend à la maison et à l'école.

Comment peut-on être certain que l'hyperactivité ne trouve pas son origine dans un problème plus profond ? Les experts ont découvert une façon de protéger le trouble déficitaire de l'attention avec hyperactivité (et par conséquent le paradigme dans son entier), tout en expliquant ces anomalies. « C'est simple », affirment-ils. « Un enfant peut *à la fois* souffrir du TDA/H et avoir un désordre lié à l'anxiété (ou un trouble de l'humeur ou des difficultés d'apprentissage). » Ce type d'explication par le désordre multiple est souvent désigné par le terme « comorbidité ». De tels raisonnements nous amènent à nous poser la question : « Où s'arrête le déficit de l'attention et où commencent les problèmes d'anxiété et les difficultés d'apprentissage ? » Cela permet aux adeptes du paradigme du TDA/H d'éviter le délicat problème des « variables confondantes ». « Nous ne savons pas s'il s'agit de l'anxiété ou du TDA/H, alors disons que c'est les deux. »

Un même genre d'approche partielle a été utilisé pour résoudre les anomalies qui ne semblent pas correspondre à la définition du « déficit de l'attention » observées chez les enfants identifiés TDA/H. Ainsi, certains parents peuvent dire : « Mais mon enfant n'a pas de difficulté à être attentif ; en fait, il peut passer des heures sur ses jeux de construction (ou à jouer à des jeux vidéo, ou à participer à d'autres activités qu'il aime). »

Plutôt que de remettre en question le paradigme, les chercheurs l'ajustent légèrement afin d'y inclure ces nouvelles données. « Vous voyez », peuvent-ils dire aux parents, « nous savons maintenant que cette sorte de comportement fait partie du problème, nous l'appelons hyperfocus, et c'est un phénomène en hausse chez les enfants TDA/H ».

La nature ambivalente du terme lui-même – TDA/H – est significative. Certains enfants qu'on croyait être en déficit de l'attention étaient hyperactifs, et d'autres ne l'étaient pas. Ils étaient simplement distraits. Au lieu de saisir cette opportunité pour repenser le paradigme dans son ensemble, leur réaction fut de le conserver et de commencer à parler de « sous-catégories ». La prolifération des facteurs de « comorbidité » et de ces « sous-catégories » révèle la tentative très réussie des adeptes du TDA/H de protéger leur paradigme face à l'évidence croissante que bien des jeunes ne correspondent tout simplement pas à cette définition (American Psychiatric Association, 1994 ; Biederman, Newcorn & Sprich, 1991 ; Hallowell & Ratey, 1994a, 1994b).

Mais cela ne dure qu'un temps. Ainsi, l'astronome Ptolémée avait ajouté de petits « épicycles » à son paradigme pour expliquer les anomalies aux supposés mouvements circulaires des planètes. Il fallut attendre Johannes Kepler, un homme de science du XVIIe siècle, pour résoudre ces irrégularités en considérant les mouvements des planètes comme des ellipses. Mais cela ne fut possible que par un changement de paradigme. Kepler a été capable de mieux prendre en compte les données astronomiques alors disponibles aux hommes de science. De la même manière, le monde du TDA/H a tenté d'intégrer le nombre croissant d'anomalies dans son paradigme en ajoutant sa propre version des « épicycles » (les « sous-catégories », les facteurs de « comorbidité »).

Une approche holistique des troubles de l'attention avec hyperactivité cherche à s'éloigner de cette méthode « ajoutons des catégories » pour expliquer les incohérences, et tente d'élucider autrement la grande diversité des jeunes ayant des difficultés d'attention et de comportement en classe. Le chapitre 2 explorera un certain nombre de paradigmes ou de perspectives qui s'appliqueront à éclaircir cette pluralité.

Les alternatives
au paradigme TDA/H

Tel qu'il a été démontré précédemment, le paradigme du TDA/H est un outil conceptuel complexe. Dans ce chapitre, j'explorerai quelques stratégies permettant d'être plus efficace face aux comportements d'hyperactivité, de distraction ou d'impulsivité des enfants à l'école. Je présenterai essentiellement un certain nombre de points de vue alternatifs à la perception biologique dont relève la définition de cette affection. Nous y retrouverons les perspectives historique, socioculturelle, cognitive, éducationnelle, du développement, relatives au genre et psychoaffective. Je ne prétends pas ici qu'elles pourraient se *substituer* au point de vue traditionnel du TDA/H en tant que réponse définitive. Chacune couvre *un aspect de l'image globale* et inclut des considérations importantes habituellement laissées de côté.

LE POINT DE VUE HISTORIQUE

Plusieurs livres écrits du point de vue traditionnel du TDA/H comptent une section traitant des détails de son histoire. Ainsi, Barkley (1990, p. 3-38) nous apprend que ce syndrome a été observé pour la première fois en 1902 par George Still, un physicien britannique qui analysa dans sa pratique le cas d'une vingtaine d'enfants réfractaires et agressifs. Il supposait des « déficiences morales » dues à des problèmes neurologiques sous-jacents (Still, 1902). Barkley mentionne qu'il y eut une épidémie d'encéphalite en 1917-1918 et que les enfants qui y survivaient développaient souvent des symptômes de type TDA/H. Il décrit aussi la recherche des années 1930 et 1940 sur les troubles cognitifs et comportementaux de ceux ayant un cerveau endommagé ainsi que l'émergence de l'expression « dommage minimal au cerveau ». Ce terme désigne les individus présentant des dérangements comportementaux semblables mais pour lesquels on ne repérait aucune lésion cérébrale évidente. Il relève que durant les années 1950 et 1960 on utilisait les termes « hyperkinéthique » et « hyperactif » et qu'il faut attendre les années 1970 pour qu'apparaisse l'expression « trouble déficitaire de l'attention ». Barkley décrit les années 1980 comme une période de croissance de la recherche dans le domaine du TDA/H et qu'un effort au niveau national a été amorcé afin de trouver un traitement. Pendant les années 1990, la recherche a circonscrit bien des symptômes, des sous-catégories, des facteurs de comorbidité et d'autres caractéristiques de ce problème.

Il apparaît donc que le TDA/H a toujours été présent dans notre civilisation, mais ce n'est qu'au cours des dernières années que nous avons fait de réels progrès dans notre capacité de le reconnaître et de le traiter de façon appropriée. Cependant, il est possible de se doter d'une vision très différente du phénomène et de son histoire. Plutôt que de considérer cette affection dans le contexte d'un phénomène biologique dont on a découvert l'existence, il est possible de l'examiner tout *simplement comme un mouvement historique ayant sa propre vie et direction*. Dans cette perspective, nous pouvons regarder le TDA/H comme un fait relativement récent qui n'est apparu sur la scène nord-américaine qu'au cours des quinze dernières années ou encore comme le résultat de développements sociaux, politiques et économiques très spécifiques propres aux domaines de la psychologie, de la psychiatrie, de l'éducation, des affaires et du gouvernement.

Si nous voulons nous arrêter à ce paradigme, nous pouvons considérer le TDA/H comme un évènement historique ayant ses racines distinctes dans un passé récent. Même en faisant référence à l'inventaire dressé par Barkley (1990), on constate que, jusqu'à tout récemment, les professionnels de l'éducation et ceux des autres champs de pratique associaient les types de comportements actuellement identifiés au TDA/H à un nombre relativement restreint d'enfants (moins de 3 à 5 % des élèves). Tous présentaient des lésions particulières suite à une encéphalite, à l'anoxie à la naissance et à d'autres traumatismes physiques ou maladies.

Depuis l'introduction du *Diagnostic and Statistical Manual* (DSM) par l'American Psychiatric Association en 1968, les professionnels ont changé la catégorie dans laquelle ils classent les comportements de type TDA/H. Comme le signalent McBurnett, Lahey et Pfiffner:

La terminologie et la classification du TDA/H est un problème complexe en santé mentale. Chaque nouvelle version du DSM apporte une révision majeure des indices permettant de diagnostiquer le trouble déficitaire de l'attention avec hyperactivité. On a attribué une demi-douzaine d'étiquettes différentes à des enfants présentant ces caractéristiques. Certains critères de diagnostic sont apparus, puis disparus et encore une fois réapparus (1993, p. 199).

Ce qui est révélateur, c'est que chaque fois qu'une nouvelle définition surgit, elle semble inclure un plus grand nombre d'individus. Goodman et Poillion notent:

Le champ (du TDA/H) au départ assez limité est passé à une catégorie beaucoup plus large, plus inclusive et plus subjective. En partie, cela peut être dû au fait que les caractéristiques du TDA/H ont été subjectivement définies par un comité au lieu d'avoir été développées sur la base de l'évidence empirique (1992, p.38).

Je pense que la croissance explosive de ce syndrome au cours des quinze dernières années est due davantage à la confluence de plusieurs facteurs émergeants de la société, dont ceux qui suivent.

La révolution cognitive en psychologie

Le centre d'intérêt des recherches des psychologues universitaires est passé du behaviorisme (l'étude du comportement externe), dans les années 1950 et le début des années 1960, à la psychologie cognitive (l'étude de l'esprit) vers la fin des années 1960. Des millions de dollars ont été investis dans des études sur les diverses facultés cognitives, dont la perception, la mémoire et, de façon très significative, l'*attention*. En se concentrant sur l'attention, il était inévitable que soit étudié ultérieurement l'*absence* d'attention, ou les « déficits d'attention ». D'une certaine façon, ce concept a été « concocté » et légitimé grâce aux moyens mis à la disposition des chercheurs aux États-Unis et au Canada, en raison du changement dans les priorités de recherche.

La révolution psychobiologique en psychiatrie

La psychiatrie a vécu un revirement similaire. De 1930 à 1950, la psychiatrie s'est intéressée à l'approche psychanalytique avant de s'en détourner, dans les années 1950 et 1960, au profit de la psychobiologie naissante. Plutôt que de considérer l'hyperactivité d'un enfant comme un trouble émotionnel qu'on analyse longuement, les psychiatres étaient plus enclins à regarder ce phénomène comme un problème psychobiologique nécessitant un traitement psychopharmaceutique. Ce changement d'orientation a eu une importante influence sur le déferlement concomitant des nouvelles drogues psychoactives, phénomène supporté par les milliards de dollars de l'industrie pharmaceutique.

Les revendications des parents et le support législatif

Au début des années 1960, les parents ont commencé à s'organiser politiquement afin que leurs enfants en difficulté soient identifiés comme « ayant un problème » et que cela soit reconnu officiellement par les autorités médicales et législatives. L'Association for Children with Learning Disabilities a été fondée en 1964 et a commencé à exercer des pressions auprès du Congrès américain pour que les enfants « en difficulté d'apprentissage » obtiennent un statut particulier. En 1968, ces efforts ont porté fruits et les difficultés d'apprentissage ont été classées comme une condition handicapante par le gouvernement américain. En 1975, elles ont été inscrites dans la *Public Law* (94-142: *the Education for All Handicapped Children Act)* (Lynn, 1979 ; Sigmon, 1987) pour aider les écoles à assurer les services qui en découlent.

Un engagement politique similaire dans le domaine du TDA/H s'est accompli par la fondation, en 1987, d'une association, la Children and Adults with Attention Deficit Disorders. Curieusement, les efforts pour obtenir une approbation législative ont échoué en 1990. Le Congrès a refusé de reconnaître le TDA/H comme condition handicapante en adoptant de nouvelles lois éducatives (Moses, 1990b).

Cependant, un support légal tacite a été apporté grâce à une lettre du U.S. Department of Education (1991) adressée aux responsables de l'éducation dans les différents États. Cette missive expliquait comment les services aux personnes affectées par le TDA/H pourraient être obtenus en utilisant la loi fédérale actuelle (Davila, Williams & MacDonald, communication personnelle (mémo), 16 septembre 1991 ; Moses, 1991). Suite à cela, les personnes identifiées devenaient éligibles à des mesures spécifiques, comme profiter d'une période plus longue pour réussir les épreuves d'admission au Collège médical, obtenir de l'argent de la sécurité sociale pour les familles ayant un enfant « TDA/H », et différentes autres accommodations à l'école ou au travail (Machan, 1996).

Un « boom » dans le commerce privé des produits utilisés

Le commerce du TDA/H a connu une véritable explosion. Il est devenu un important nouveau marché économique pour des centaines d'entreprises spécialisées en éducation, des compagnies de tests d'évaluation, des éditeurs, des entrepreneurs, ainsi que pour des organisations ou individus vendant des livres, des kits, différents appareils, des herbes médicinales, des programmes de formation de toutes sortes et autres outils pour venir en aide à l'« enfant TDA/H ». L'excellente santé économique des États-Unis au cours des années 1990 a favorisé cette industrie, laquelle a continué à encourager la consommation par ses propres moyens, en gardant ce marché vivant et en plein développement (A.D.D. Warehouse, 1998; Glusker, 1997).

L'attention des médias

Comme je le signalais dans le chapitre 1, au cours des cinq dernières années, le TDA/H et son traitement-vedette, le Ritalin, sont passés du domaine strictement psychoéducationnel à la culture populaire grâce à la publication de « bestsellers » comme *Driven to Distraction* (Hallowell & Ratey, 1994a), aux couvertures de magazines comme le *Times* et le *Newsweek* (Hancock, 1996; Gibbs, 1998; Wallis, 1994), et à des émissions de télévision populaires comme celle d'Oprah Winfrey. Cette attention des médias de masse a permis de développer une prise de conscience collective et d'augmenter la demande chez les parents pour que leurs enfants soient diagnostiqués et reçoivent des services. Cela a créé une vague dans le monde du TDA/H.

Naturellement, on peut prétendre que chacun de ces stades de développement historique est le reflet d'une conscience plus accrue de la part de la société d'un problème qui est bien réel. D'un autre côté, on peut se demander ce que serait la nature du phénomène aujourd'hui si l'un ou l'autre des scénarios suivants s'était produit au cours des trente dernières années :

- Si la psychologie avait décidé de mettre l'accent sur la *volonté* plutôt que sur l'*apprentissage* (nous pourrions avoir un « déficit de la volonté » !).

- Si la psychiatrie s'était tournée vers la médecine chinoise plutôt que vers la psychobiologie pour le traitement de l'« hyperactivité » (peut-être utiliserions-nous l'acupuncture plutôt que le Ritalin en guise de traitement).

- Si le U.S. Department of Education n'avait pas envoyé de lettre aux responsables scolaires des cinquante États en 1991, légitimant ainsi le TDA/H (le TDA aurait peut-être disparu des classes, administrativement parlant).

- Si le TDA/H était demeuré une obscure construction universitaire limitée aux départements de psychologie sans aucune attention de la part des médias et sans les groupes de pression des parents qui militent pour obtenir des services (ces services pourraient simplement s'expérimenter dans un petit nombre de classes « laboratoires »).

En bref, je veux tout simplement dire que le TDA/H est devenu un phénomène national qui semble s'être créé par lui-même. Plusieurs éléments de la société se sont réunis pour l'alimenter. Il n'y a là aucune conspiration, mais plutôt une convergence de divers éléments qui sont apparus pour créer cette situation :

- Les psychologues ont reçu des fonds de recherche pour mener de nouvelles études.

- Les psychiatres ont trouvé de nouveaux clients et des traitements alternatifs à leur proposer.

- Les parents se sont vu confirmer que les problèmes de leurs enfants ne sont pas dus à des lacunes de leur fait ou à un comportement impoli.

- Les entrepreneurs ont créé de nouveaux marchés économiques pour des livres, du matériel, des évaluations et des services.

- Les politiciens ont obtenu des votes en retour de leur soutien législatif aux « enfants handicapés » (une véritable source de votes en période d'élections).

◆ Les médias ont découvert de nouvelles histoires très « accrocheuses » et de nouveaux sujets de controverse.

Je ne prétends pas que le TDA/H est *uniquement* un mouvement historique entretenu par les impératifs politiques et économiques, mais je suggère plutôt que toute analyse de ce syndrôme qui ne tiendra pas compte du contexte global du « phénomène TDA/H » sera nécessairement déficiente.

LE POINT DE VUE SOCIOCULTUREL

Bien que l'analyse historique qui précède reflète cette perspective, j'aimerais explorer plus en profondeur les raisons sociales et culturelles qui amènent une société comme la nôtre à identifier le TDA/H. Lorsque des groupes de parents revendicateurs ont commencé à exercer des pressions afin d'obtenir des services éducatifs pour leurs enfants laissés-pour-compte dans les années 1960, notre société était en mutation. Ce qui explique pourquoi tant de parents étaient à ce point préoccupés par leurs enfants souvent indociles, démotivés et scolairement frustrés.

La décennie des années 1960 marque un moment décisif dans la vie des Américains. L'agitation sociale (le mouvement pour la défense des droits civiques et celui contre la guerre du Vietnam) a fortement secoué les institutions, y compris celle de la famille. Au cours des trente dernières années, la famille américaine a subi une importante fragmentation. Il y a actuellement deux fois plus (8 millions) de familles monoparentales qu'en 1970. Le nombre de mères au travail a augmenté de 65 %, passant de 10,2 millions en 1970 à 16,8 millions en 1990. Comme le disaient Lester Grinspoon et Susan B. Singer, enseignants à Harvard, dans la *Harvard Educational Review* :

Notre société a subi un bouleversement profond de ses valeurs. Les enfants ayant grandi au cours de la dernière décennie ont vu, presque quotidiennement, les pratiques des autorités et des institutions existantes fortement questionnées. (...) Les professeurs n'ont plus l'autorité sans condition qu'ils avaient dans la classe autrefois. (...) L'enfant, d'un autre côté, n'est plus intimidé par l'autorité de ce dernier (1973, p. 546-547).

Grinspoon et Singer signalent que « l'hyperkinésie (un terme utilisé pour décrire les symptômes du TDA dans les années 1960 et au début des années 1970), peu importe la condition physiologique à laquelle cela réfère, est devenue une étiquette conventionnelle par laquelle on classe ce phénomène comme une maladie physique plutôt que de la traiter comme le problème social qu'il est ». Ainsi, le trouble déficitaire de l'attention peut, en grande partie, n'être que le reflet de l'état de crise des valeurs de la société. Considérer ce problème uniquement sous l'angle du « désordre neurologique », c'est ignorer le cadre social élargi dans lequel ces symptômes apparaissent (pour prendre connaissance des autres critiques sociales de notre époque, voir Block, 1977 ; Conrad, 1975 ; Schrag & Divoky, 1975).

Au cours des trente dernières années, l'émergence de médias populaires de type « consommation rapide », particulièrement la télévision, constitue un autre facteur social. Après ses premiers pas dans les années 1940 et 1950, ce médium est vite devenu expert dans l'art de « capter l'attention » des auditeurs pour rehausser ses cotes d'écoute et pour vendre de nouveaux produits. Des millions de dollars ont été investis par les annonceurs et les responsables de la programmation pour arriver à maîtriser subtilement les techniques qui permettent de modifier le niveau d'intérêt des téléspectateurs : les couleurs brillantes, les sons forts, les musiques entraînantes, et la plus efficace de toutes, la succession en accéléré des images. Avec le temps, les diffuseurs ont compris que les spectateurs s'habituaient à un certain rythme et à une certaine méthode de présentation et qu'ils devaient utiliser quelque chose de nouveau et de plus rapide pour retenir leur attention. En conséquence, les messages publicitaires et les programmes ont pris la forme de présentation d'images très colorées en succession de plus en plus accélérée.

Ainsi, comparez le nombre de changements de prises de vues dans un épisode de *I love Lucy* par rapport à toute autre comédie ou drame. La succession rapide des images devient encore plus évidente dans l'univers des jeux vidéo, des vidéo-clips et des autres médias les plus récents. Il semble que nous vivions dans une « culture de l'attention à faible durée » où l'information est servie rapidement à petites doses plutôt que sous la forme d'épisodes plus longs et plus réfléchis. Le département des nouvelles de CBS, lors des élections présidentielles de 1992, a expérimenté des séquences de trente secondes afin de « mieux couvrir » les discours politiques (Berke, 1992). Ils ont découvert que ces extraits étaient trop longs pour la capacité moyenne d'attention des adultes et ils ont dû revenir à la durée « standard » de sept secondes habituellement en usage dans cette industrie ! Si cela est vrai pour les adultes, qu'en est-il alors pour les enfants qui ont été immergés dans ce contexte télévisuel, auquel s'ajoute les jeux vidéo et le réseau Internet ? En ce sens, les problèmes d'attention et d'hyperactivité que l'on retrouve en nombre quasi épidémique représentent peut-être moins un désordre biologique qu'une reprogrammation du cerveau des enfants par les médias populaires favorisant le phénomène de l'« attention à faible durée » (Healy, 1991, 1998).

Dans cette perspective socioculturelle, on peut aussi prétendre que la société peut actuellement avoir besoin de se doter d'un concept comme celui de « trouble déficitaire de l'attention » pour tenter de *préserver* certaines valeurs traditionnelles qui semblent vouloir disparaître. Le sociologue Ivan Illich a déjà dit (1976) : « Chaque civilisation définit ses propres maladies. Ce qui constitue une maladie dans l'une peut devenir une anormalité chromosomique, un crime ou un péché dans une autre » (p. 112). Ces définitions deviennent encore plus nécessaires quand ce sont les enfants qui sont impliqués.

En tant qu'ancien président de l'American Psychological Association, Nicolas Hobbs déclarait, en 1975 : « Il y aurait lieu de réfléchir sérieusement sur le fait que, pour la protection de la communauté, il est essentiel de classer et d'étiqueter les enfants qui sont différents ou déviants » (p. 20). Il suggère que l'éthique de travail protestante pourrait représenter un système de valeurs nécessitant une protection. Il écrit : « D'après cette doctrine [...] les élus de Dieu sont prédéterminés à atteindre les positions de pouvoir et de richesse grâce à leur faculté à contrôler leurs impulsions, à leur capacité à différer la satisfaction, à leur ambition et les moyens qu'ils mettent au service de la productivité » (p. 24). On pourrait en effet s'attendre à ce qu'une telle société définisse les déviances en termes de facteurs en opposition à ces valeurs, par exemple un manque de motivation ou la « distractibilité », et par d'autres traits que l'on retrouve dans les publications médicales en tant que symptômes du TDA/H.

Demeurer sourd à l'incidence de ces contextes socioculturels dans notre façon d'étiqueter les enfants TDA/H, c'est encourir un désastre potentiel et nous exposer au ridicule face aux générations futures. Ainsi, aux environs de 1850, un médecin de la Louisiane, le docteur Samuel Cartwright, proposait une nouvelle appellation médicale dans le *New Orleans Medical and Surgery Journal* : la *drapemania* (Cartwright, 1851). Ce mot signifiait essentiellement la « manie de se sauver ». Il estimait que la *drapemania* affectait de plus en plus d'esclaves et que, avec une bonne identification de la maladie et un bon traitement, ces mêmes esclaves pourraient apprendre à mener une vie productive et reviendraient vivre dans les plantations.

Aussi récemment qu'en 1930, les psychiatres catégorisaient les individus qui obtenaient de faibles résultats aux tests d'intelligence d'« imbéciles » ou « idiots » (Gould, 1981). Que diront les générations futures lorsqu'elles verront notre propension à étiqueter des millions d'écoliers nord-américains sous le terme « TDA/H » ?

Les préjugés sous-jacents à la dénomination « trouble déficitaire de l'attention avec hyperactivité » peuvent aussi être analysés à l'aide des études multiculturelles. Dans l'une de ces recherches, on a demandé à des psychiatres provenant de quatre cultures différentes d'observer une cassette vidéo mettant en scène un enfant et de dire si, selon eux, celui-ci souffrait d'hyperactivité. Les cliniciens chinois et indonésiens accordèrent des scores significativement plus élevés de comportements dérangeants et hyperactifs que leurs collègues japonais et américains (Mann *et al.*, 1992). Dans une autre étude britannique, seulement 0,09 % des enfants furent identifiés hyperactifs (Taylor & Sandberg, 1984).

D'autres études ont démontré de semblables divergences en fonction des différences de cultures dans la perception du comportement TDA/H (voir Furman, 1996 ; Reid & Maag, 1997). En 1982, Orlick a comparé les attitudes parentales américaines à celles des parents de Papouasie-Nouvelle-Guinée : « Si, en Amérique du Nord, j'amène ma fille manger à l'extérieur, on s'attend à ce qu'elle s'assoie, qu'elle reste tranquille et qu'elle attende (comme une adulte) même s'il y a toutes sortes d'objets, de personnes et d'espaces intéressants à découvrir [...] Maintenant, si je l'amène à une fête dans un village de Papouasie-Nouvelle-Guinée, aucune de ces restrictions ne lui seront imposées. Les adultes de ce village ne s'attendent pas à ce que les enfants demeurent sagement assis pendant des heures et qu'ils parlent comme des adultes » (p. 128). Je ne dis pas cela pour que l'on laisse les enfants courir comme des fous furieux dans les restaurants nord-américains. Je veux tout simplement démontrer comment les différentes cultures classent leurs attentes vis-à-vis du comportement des enfants et de leur attention. Je veux aussi souligner aux éducateurs qu'ils doivent être sensibles à ces différences qui peuvent exister entre la « culture scolaire » et les cultures indigènes des enfants, particulièrement pour ceux qui risquent d'être identifiés TDA/H (Hartocollis, 1998).

LE POINT DE VUE COGNITIF

En admettant que le paradigme TDA/H découle en partie de l'emphase que les chercheurs en sciences cognitives ont mise sur l'attention, nous pouvons tout de même, par l'analyse des sciences cognitives, tenter d'argumenter différentes conclusions. En effet, nous pourrions trouver plus productif de passer moins de temps à explorer le déficit cognitif en tant que problème médical, et plus de temps à considérer le côté positif de la manière dont les enfants identifiés TDA ou TDA/H déploient leur attention ou utilisent leur esprit. Certaines études suggèrent que beaucoup de jeunes ainsi étiquetés sont tout à fait capables de soutenir leur attention. Toutefois, ils portent leur attention sur autre chose. On parle de ce phénomène comme celui de l'« attention périphérique » : au lieu de s'intéresser à ce que dit l'enseignant ou à la page du livre, ils explorent les murs, écoutent les voix dans le corridor et font des rêves éveillés sur ce qu'ils doivent faire plutôt que de le faire. Ils possèdent donc un style d'attention plus diffus ou global (Ceci & Tishman, 1984 ; Fleisher, Soodak & Jelin, 1984) qu'ils peuvent utiliser pour leur apprentissage.

La découverte de l'« attention globale » soulève un autre problème cognitif plus fondamental : la relation que l'on peut établir entre ces symptômes et les traits spécifiques d'une personne créative. L'« enfant TDA/H » se caractérise par un esprit toujours en mouvement qui cible tout ce qui l'intéresse, et ce, d'une manière globale qui lui est singulière. Selon Gramond (1994), si on compare les symptômes du TDA/H avec les traits caractéristiques d'une personne créative, on retrouve quelques similarités frappantes. Les deux groupes ont tendance à faire des rêves éveillés, à changer d'occupation fréquemment, à avoir de la difficulté à se conformer à l'autorité, ont un haut niveau d'activité, prennent des risques, agissent spontanément et fonctionnent généralement à un rythme qui leur est propre.

Se pourrait-il que nous « pathologisions » la créativité en la décrivant comme un trouble déficitaire de l'attention avec ou sans hyperactivité ? C'est là un sujet qui vaut la peine qu'on y réfléchisse sérieusement car il est notoire que les sociétés ont historiquement été incapables de reconnaître les contributions positives des créateurs (Neumann, 1971). Au cours des derniers deux mille ans, certains de ces individus ont été brûlés, crucifiés, emprisonnés, placés en maison d'arrêt, exilés, et plus récemment intoxiqués aux médicaments, pour ne mentionner que quelques-unes des méthodes par lesquelles le système cherche à réprimer tout force qui pourrait menacer de changer sa structure.

Certains partisans du paradigme prétendent qu'une personne créative se distingue de quelqu'un identifié TDA/H par ses productions, en d'autres termes, par les nouvelles voies qu'elle utilise pour fabriquer des produits et résoudre des problèmes. En revanche, le second éprouve des difficultés considérables à trouver des solutions, à façonner des objets qui ont de la valeur, ou à s'engager dans d'autres efforts productifs. Mais des recherches approfondies sur ce sujet font défaut. Des éléments de l'ordre de l'évidence nous laissent supposer que bien des gens définis TDA ou TDAH sont tout à fait créatifs (Berlin, 1989 ; Cramond, 1994 ; Hartmann, 1997 ; O'Neil, 1994 ; Shaw & Brown, 1991 ; Weiss, 1997 ; Zentall, 1988).

Il est intéressant de constater que Hallowell et Ratey (1994 a) ont reconnu cet état de fait et l'ont incorporé dans le paradigme en parlant d'un « sous-type créatif ». Comme je le mentionnais dans le chapitre précédent, cet usage des sous-catégories permet de résoudre efficacement certaines ambiguïtés. Dans ce cas particulier, on suggère qu'il n'y a pas de confusion entre les traits propres à la créativité et les symptômes du TDA/H puisqu'une personne peut présenter les deux. Cela permet de préserver le postulat de base. Cependant, nous pouvons garder cette question à l'esprit en suggérant qu'au moins quelques-uns des enfants diagnostiqués TDA/H seraient bien mieux définis comme individus essentiellement créatifs.

Une autre riposte pourrait être que certains enfants très novateurs sont, en fait, mal évalués. Cependant, cette hypothèse élude le problème. C'est ce paradigme qui a d'abord contribué le plus à cette confusion. Pour y répondre, les éducateurs ont besoin de dépoussiérer leur propre créativité pour développer une nouvelle évaluation qui nous permette de mieux observer les habiletés créatrices des enfants catalogués TDA/H.

LE POINT DE VUE ÉDUCATIF

L'un des aspects les plus troublants de l'usage croissant de cette étiquette dans nos écoles est que cela constitue une incursion du médical dans un domaine qui était antérieurement celui des éducateurs. Autrefois, si un élève avait des difficultés d'attention, les enseignants s'interrogeaient ainsi :

◆ Comment cet enfant apprend-il le mieux ?

◆ Quel type d'environnement d'apprentissage devrais-je créer pour favoriser l'utilisation des ses propres habiletés naturelles ?

◆ Comment puis-je transformer mon cours pour obtenir son attention ?

La préoccupation de l'enseignant était de comprendre l'élève en tant qu'apprenant et de faire des choix afin de structurer l'environnement par des stratégies adaptées, des programmes appropriés, des choix de méthodes d'enseignement, d'outils ou de ressources, etc.

Aujourd'hui, avec la prédominance du paradigme biologique, un enseignant est plus porté à se poser des questions comme : « Est-ce que cet enfant souffre du TDA ou du TDAH ? », « Est-ce que je devrais le faire évaluer ? », « Est-ce que la médication l'aiderait ? » et d'autres interrogations qui l'entraînent loin de sa fonction première d'éducateur. Les adeptes de ce point de vue ne sont pas très intéressés ni très motivés à déterminer le style d'apprentissage d'un enfant hyperactif, impulsif ou distrait. Ils veulent simplement un diagnostic et un traitement médical du problème.

Une recension des publications traitant de cette affection ne révèle à peu près rien sur la manière dont les élèves ainsi catégorisés apprennent le mieux, leurs façons de penser, leurs intelligences les plus développées ou leurs meilleurs modes d'expression cognitive. Lorsque le sujet est abordé, il est habituellement formulé négativement : « Cet enfant n'affiche-t-il pas également le facteur de comorbidité : difficultés d'apprentissage ? » (Barkley, 1990, p. 75-77). Et pourtant, certaines autorités en la matière affirment que, dans bien des cas, on peut retrouver des *difficultés d'apprentissage* comme cause première des problèmes d'attention ou de comportement (McGee & Share, 1988).

Cependant, il est clair que l'environnement d'apprentissage dans lequel ceux que l'on dénomme TDA/H semblent avoir le plus de difficultés, c'est la classe normative telle qu'on la retrouve habituellement en Amérique du Nord. Dans d'autres contextes, ils en éprouvent moins, et même ils y progressent. En voici quelques exemples : dans un studio d'art, sur un plancher de danse, dans un atelier de sculpture sur bois ou à l'extérieur. Selon Russell Barkley, une sommité dans le domaine : « La classe est leur Waterloo » (Moses, 1990a, p. 34). Ce dont il parle ici, c'est de l'école *traditionnelle* américaine : des pupitres en rangées serrées, un enseignant ou une enseignante qui parle presque constamment, des livres et des feuilles d'exercices, beaucoup d'écoute de la part des élèves, d'attentes, de directives à suivre, de lecture et d'écriture.

Dans des cours où ceux qui sont considérés comme hyperactifs ou TDAH ont la possibilité de bouger, d'apprendre par manipulation, d'expérimenter la coopération, d'intégrer les arts à la plupart des activités, de faire des projets ou toute autre organisation innovatrice, leur comportement est souvent beaucoup moins problématique (Eddowes, Aldridge & Culpepper, 1994 ; Jacob, O'Leary & Rosenblad, 1978 ; Zentall, 1980, 1993a).

Zentall, émettant l'hypothèse que ceux-ci ont besoin de plus de stimulation que la personne moyenne, a expérimenté des classes où on retrouve quantités de stimuli (musique, couleurs, activités) qui semblent diminuer le taux d'hyperactivité dans les groupes de garçons du primaire. D'une certaine façon, elle crée ainsi l'équivalent du « Ritalin éducatif » en fournissant la stimulation sous la forme d'un environnement intéressant.

La théorie des intelligences multiples fournit un excellent modèle pour analyser le comportement d'un enfant identifié TDAH (Long & Bowen, 1995). Gardner (1983, 1993) explique que notre concept de l'intelligence, basé sur les tests mesurant le quotient intellectuel, est beaucoup trop restreint et qu'il devrait être remplacé par un modèle qui comprend plusieurs sortes d'intelligences : verbo-linguistique, logico-mathématique, spatiale, musicale, corporelle-kinesthésique, interpersonnelle, « intrapersonnelle » et naturaliste. Il prétend que notre système éducatif insiste trop sur les deux premières aux dépens des six autres. Elles ne sont à peu près pas reconnues, alimentées ou sollicitées. J'ai déjà dit dans mes propres écrits (Armstrong, 1987a, 1987b, 1988, 1994, 1997) qu'il était possible que les enfants à qui on a accolé des étiquettes scolaires comme « difficultés d'apprentissage » ou « TDA/H » aient des problèmes d'attention à l'école parce que leurs intelligences les plus développées sont négligées ou carrément ignorées.

Ainsi, un individu très kinesthésique (qui a besoin d'apprendre par le mouvement, par le toucher et en construisant des choses) sera en net désavantage dans une classe où on ne fait aucune manipulation, ni activités dynamiques ou interactives. Les élèves très actifs physiquement qui doivent rester assis quatre heures par jour à accomplir des tâches où il y a peu d'aspects moteurs (comme l'écriture, la lecture et l'écoute) ont de bonnes chances de se sentir frustrés, de voir leur concentration se dissiper fréquemment et de bouger sur leur chaise d'une façon qui pourrait facilement être interprétée comme du TDA/H par un enseignant adepte du paradigme biologique.

De même, les enfants doués pour le naturalisme peuvent se sentir étouffés si il n'y a rien dans l'environnement pour stimuler leur amour de la nature. Les élèves qui ont une intelligence spatiale très développée peuvent facilement perdre le contact si l'environnement manque d'images, de cartes et de schémas pour l'enseignement des matières et des sujets de base. Enfin, un parcours scolaire basé sur un apprentissage individuel peut dépiter celui ou celle qui a besoin d'un contexte social pour assimiler plus efficacement.

Il existe encore bien d'autres théories nous laissant croire que ce que nous prenons pour des symptômes peuvent n'être que le résultat d'une dichotomie entre la façon dont les enfants apprennent le mieux et l'environnement dans lequel on les place (Dunn, R., communication personnelle, 1994 ; Yelich & Salamone, 1994).

Heureusement, des équipes de soutien scolaire et d'autres structures institutionnelles utilisent ces modèles dans leur recherche de solutions pour aider les enfants avec des problèmes d'attention ou d'apprentissage à rester hors du système de l'éducation spécialisée. Si la majeure partie du corps professoral se posait d'abord la question « Comment puis-je l'aider à mieux apprendre ? » plutôt que de se tourner immédiatement vers la question plus biologique « Est-ce qu'il souffre du TDA/H ? », l'éducation pourrait bénéficier de l'émergence d'une grande variété de méthodes d'enseignement, et l'élève pourrait plus souvent progresser dans une classe régulière.

LE POINT DE VUE DU DÉVELOPPEMENT

Comme je le signalais au chapitre 1, un dogme clé du paradigme, qui dit que certains jeunes affectés par ce problème continueront à l'être à l'âge adulte, peut tout simplement impliquer son contraire. En effet, dans certains cas, le TDA/H peut entrer en « phase de rémission », diminuer ou même disparaître. Une étude récente nous apprend que son taux d'incidence dans un groupe d'âge donné semble décliner d'approximativement 50 % tous les cinq ans. En se basant sur la prévalence du TDA/H d'environ 4 % pendant l'enfance, le pourcentage estimé à l'âge adulte serait de 0,8 % à l'âge de 20 ans et de 0,05 % à l'âge de 40 ans (Hill & Schoener, 1996). Cette perspective suggère que pour beaucoup d'enfants, un paradigme « développemental » serait une meilleure façon d'analyser leur comportement que le paradigme biologique.

Avant que ce dysfonctionnement soit si populaire, lorsqu'on consultait un médecin relativement à un enfant exubérant, on disait de lui : « Ne vous inquiétez pas, il va grandir et ça va lui passer ! » Une telle présupposition, en l'absence de toutes autres mesures de soutien, peut facilement servir d'échappatoire et conduire à ignorer un sérieux problème. Pour certains enfants cependant, cela fonctionnait. En acquérant plus d'expérience, ils entraient en interaction avec les autres et augmentaient leurs habiletés et leur capacité à se contrôler. Beaucoup se calmaient, peut-être pas entièrement, mais suffisamment pour être aptes à bien fonctionner dans le monde des adultes.

Je me souviens d'un élève à qui j'avais enseigné dans un programme d'éducation spécialisée au niveau élémentaire. Je l'ai revu quelques années plus tard dans un cours sur le développement de l'enfant que je donnais au collège. Je pouvais constater que le comportement hyperactif de son enfance était toujours présent, mais qu'il s'était modifié. Il s'était atténué sous la forme de petits mouvements difficilement observables. C'est ce qui arrive à la plupart d'entre nous.

Lorsque nous étions de jeunes enfants, nous avons tous présentés les inquiétants signes classiques du TDA/H: hyperactivité, « distractibilité » et impulsivité. Avec le temps, nous avons appris à en inhiber certains; mais dans bien des cas, nous les avons simplement *minimisés* ou *intériorisés* pour qu'ils ne soient plus problématiques dans des contextes sociaux particuliers. Les mains et les jambes qui bougeaient tout le temps se transforment, à l'âge adulte, en un doigt qui tape doucement sur la table ou en une jambe se balançant sous le bureau. Plus encore, nous avons appris à utiliser la pensée et ses formes (mots, images, etc.) afin d'agir autrement que ce que notre activité motrice impulsive nous dictait de faire pendant l'enfance. Au lieu de nous battre avec un rustre, ce que nous aurions peut-être fait auparavant, nous nous murmurons simplement: « Ce type est un abruti. » C'est la maturité!

Ces facultés ont une origine biologique dans la myélinisation des connections neuronales qui s'opère au fur et à mesure que nous grandissons (Diamond & Hopson, 1998). Le processus de développement (sensorimoteur, cognitif, social et biologique) est individuel: des personnes différentes évoluent à des rythmes qui sont différents. Il peut y avoir des écarts de deux, trois, voire quatre ans de maturité entre des enfants qui ont le même âge chronologique. Or, le paradigme TDA/H ne semble pas tenir compte de ces variations.

Je me demande parfois ce que Piaget aurait dit si ce phénomène avait existé à son époque. Je soupçonne qu'il l'aurait qualifié de « problème américain ». C'est ce qu'il avait déclaré lorsque des éducateurs lui ont demandé comment faire pour qu'un enfant évolue plus vite à travers ses différentes étapes de croissance (Duckworth, 1979). Mon hypothèse est qu'il aurait considéré les symptômes du trouble déficitaire de l'attention avec hyperactivité comme une réaction normale chez un enfant subissant des influences de l'environnement qui ne sont pas synchronisées avec son niveau de progression.

Ainsi, il semble très probable que des pratiques de développement *inappropriées* aient constitué un autre facteur contribuant à l'émergence du TDA/H au cours des vingt dernières années. Comme David Elkin (1981, 1984, 1988) et d'autres l'ont signalé, il semble que nous poussons tous notre progéniture à grandir trop vite, en la forçant à travers les paliers avant qu'elle ne soit prête à passer aux suivants. Des tâches qui autrefois étaient accomplies en cinquième année le sont maintenant dès la maternelle. Et les habiletés qu'on exigeait à la maternelle sont maintenant demandées au préscolaire (Moses-Zirkes, 1992). Une enseignante du préscolaire m'a déjà dit: « Vous savez, j'aimerais laisser mes élèves faire plus d'activités libres, jouer avec les marionnettes, peindre et se déguiser, mais je pressens que je dois utiliser le rétroprojecteur et des feuilles d'exercices pour les préparer à la maternelle où ce sera très exigeant! »

Cette tendance culturelle à forcer le développement (le « problème américain » dont parlait Piaget) amène les parents et les éducateurs à avoir des attentes irréalistes vis-à-vis de certains enfants. Louise Bates Ames (1985) écrivait, à propos d'*un petit garçon de 56 semaines* qui avait été vu à sa clinique, qu'un évaluateur précédent l'avait décrit comme un enfant qui aurait probablement des « difficultés d'apprentissage accompagnées de problèmes émotifs » parce qu'il avait lancé des objets et n'avait pas semblé capable de se concentrer! Si nous laissions simplement les enfants être des enfants, nous aurions peut-être moins besoin de qualifier leurs comportements de « troubles déficitaires de l'attention avec hyperactivité ». Des aspirations plus souples diminueraient également la pression que les jeunes ressentent, et cela pourrait directement se traduire par une diminution de l'hyperactivité, de la « distractibilité » et de l'impulsivité.

Une dernière réflexion que j'aimerais vous transmettre à ce propos concerne le fait que dans bien des cas, ce que l'on appelle l'immaturité chez bon nombre d'enfants identifiés TDA/H peut être *positif*. Dans le domaine des théories évolutionnistes, il existe un concept appelé « néoténie » : un mot latin qui signifie « demeurer jeune ». Lequel nous suggère que dans l'évolution des espèces, on retrouve de plus en plus la tendance à observer des traits de jeunesse perdurer à l'âge adulte (Gould, 1975). Ainsi, le front et le menton d'un jeune chimpanzé ressemblent beaucoup à ceux des humains. Mais lorsque le jeune singe devient adulte, ces traits disparaissent ; le front s'avance en pointe et le menton s'estompe. Dans ce cas, la « néoténie » ne fonctionne pas car ces deux traits de jeunesse ne demeurent pas à l'âge adulte. Mais chez l'être humain, nous constatons que le front et le menton des rejetons sont « conservés » à l'âge adulte et restent plus ou moins intacts sur le plan structurel. Plus les espèces sont évolués, plus nous trouvons d'exemples de « néoténie ». Montagu (1983) prétend qu'il y a des caractéristiques *psychologiques* de jeunesse (comme la créativité, la spontanéité et la curiosité) qui doivent être « transportées » à l'âge adulte afin de favoriser l'évolution de notre espèce.

Il semble que bon nombre de ceux à qui on applique l'étiquette TDA/H possèdent ces traits de jeunesse. D'une certaine façon, quelques-uns de ces jeunes sont encore comme lorsqu'ils étaient tout petits, se dirigeant vers tout ce qui capte leur intérêt, laissant paraître des perceptions très inhabituelles, démontrant de la spontanéité dans leurs actions. Nous devrions faire attention de ne pas donner une connotation négative (comme « immaturité du développement ») à ce type de comportement. Soigneusement entretenues et canalisées, ces spécificités peuvent devenir la base de la créativité à l'âge adulte. Winston Churchill, une véritable terreur dans son enfance (il présentait un problème comportemental majeur), a réussi à transposer cette énergie frénétique de sa jeunesse et à canaliser cette intensité, ce qui lui a valu le Prix Nobel de littérature et l'a aidé à sauver le monde de la tyrannie.

LE POINT DE VUE DU GENRE (GARÇON-FILLE)

Le nombre supérieur de diagnostics du TDAH chez les garçons est l'une des conclusions les plus consistantes dans ce domaine. Le ratio observé se situe quelque part entre 4 et 9 garçons pour 1 fille (American Psychiatric Association, 1994). Pourquoi en est-il ainsi? Je pense que les recherches sur les *différences normales entre les garçons et les filles* peuvent aider à comprendre ces disparités.

Dans des études portant sur des enfants «normaux» lors de jeux libres, McGuinness (1985) a observé que les premiers passaient moins de temps à une activité, peu importe laquelle (8 minutes pour les garçons et 12 pour les filles) et qu'ils changeaient d'activités trois fois plus souvent. Ce genre de penchants mâles pour le changement continu devient évident dans toute famille qui possède une télécommande pour changer les chaînes sur leur poste de télévision. Plus encore, l'auteur a passé en revue les autres investigations relatives à ces différences. Il nous apprend que, par-dessus tout, les garçons ont tendance à s'arrêter plus souvent sur les manipulations d'objets (jouer avec des figurines, des petits véhicules, des jeux de blocs, etc.) alors que les filles préférent s'engager dans des distractions où on retrouve des interactions sociales. Enfin, McGuinness notait que les filles sont plus sensibles aux sons verbaux subtils et démontrent une capacité supérieure à les différencier, alors que les garçons sont plus axés sur les sons non verbaux (comme celui des camions de pompiers passant par là, ou des pas dans un corridor).

Chacune de ces disparités normales entre les genres tend à favoriser les filles dans le contexte d'une classe traditionnelle où habituellement l'enseignante (le plus souvent une femme au niveau primaire) préside une organisation qui favorise la persistance dans des tâches académiques, sollicite la coopération sociale et l'attention à des sons verbaux (sa propre voix). Inversement, les réactions que l'on retrouve chez les garçons (qui veulent changer d'activités plus fréquemment, cherchent à s'engager dans des expériences où on retrouve de la manipulation, portent plus leur attention sur des stimuli non verbaux) ont plus de chances d'être considérées comme de l'hyperactivité, de l'impulsivité et de la « distractibilité », les trois symptômes clés du TDA/H. David Elkin prétend que beaucoup d'enfants de sexe masculin sont ainsi diagnostiqués alors qu'il y a trente ans, ils auraient tout simplement été considérés comme affichant des « comportements normaux de garçons » (Elkin, communication personnelle, 1996). Le magazine *Forbes* disait que si, dans la société américaine, on retrouvait un solide « mouvement de libération des mâles », de tels étiquetages grossiers d'un comportement mâle normal ne seraient jamais tolérés (Machan, 1996 ; voir aussi Robinson, 1998).

LE POINT DE VUE PSYCHOAFFECTIF

Une dernière perspective met en relation les dimensions psychoaffectives de la vie enfantine, dont l'influence des traumatismes psychologiques, les dynamiques familiales et les aspects de la personnalité qui donnent naissance aux comportements d'hyperactivité, d'impulsivité et de « distractibilité ». Chez un enfant, les émotions fortes comme la colère, la frustration, la tristesse et la peur, peuvent assez facilement produire ces types comportementaux reliés entre eux. Un certain domaine de recherche nous apprend qu'au-delà de 25 % des enfants souffrent d'anxiété profonde, et que plus de 75 % des enfants identifiés TDA/H vivraient sans doute une forme de dépression (Biederman *et al.*, 1991).

Comme je l'expliquais antérieurement, ces problèmes émotionnels sont habituellement décrits comme des « facteurs de comorbidité » accompagnant le TDA/H (on peut souffrir de ce syndrome et avoir un problème d'anxiété ou d'humeur, etc.). Cela soulève une interrogation : Est-ce que les symptômes du TDA/H *peuvent être attribués* à ces problèmes émotionnels plus profonds ? D'un point de vue psychodynamique, un enfant qui a souffert d'un traumatisme émotionnel (divorce, maladie, violence, abus sexuels ou physiques) peut réprimer sa souffrance et l'extérioriser par de l'hyperactivité, de l'impulsivité, de la « distractibilité », de l'agressivité envers les autres et tout autre comportement du même ordre. De plus en plus de travaux nous expliquent que de tels chocs peuvent altérer le fonctionnement neurobiologique (Arnsten, 1999 ; Perry & Pollard, 1998).

Le danger avec la popularité actuelle du paradigme TDA/H est que les parents, les enseignants et les médecins pourraient avoir tendance à s'en tenir à ce diagnostic superficiel, et traiter le problème par une médication comme le Ritalin (l'équivalent pharmacologique d'un pansement pour le comportement). Ce médicament n'a qu'un effet à très court terme. Explorer en profondeur la possibilité d'un trouble émotionnel plus sérieux pourrait s'avérer bien plus difficile et coûteux à traiter et beaucoup moins acceptable socialement. Certains parents vont jusqu'à souhaiter que leur enfant présentant des « difficultés émotionnelles » reçoive l'étiquette TDA/H. Le Ritalin peut avoir pour effet de réduire ou même d'éliminer le malaise comportemental de surface alors que le dérangement émotionnel continue à agir en profondeur sur la psyché de l'enfant.

Le fait que ce paradigme ne reflète qu'une compréhension limitée du psychisme humain constitue une bonne partie du problème. Dans les publications spécialisées, on ne retrouve à peu près aucune référence aux importantes contributions de penseurs tels que Sigmund Freud, Carl Jung, Alfred Adler et Erik Erikson dans la compréhension du comportement de l'enfant. Au contraire, on y a découvert des déclarations discréditant les approches thérapeutiques pour traiter l'hyperactivité. Ainsi, Ingersoll déclare :

> Puisque (...) les preuves actuelles indiquent que les difficultés d'un enfant hyperactif sont causées par un mauvais fonctionnement de son cerveau, cela a peu de sens de chercher la solution dans des méthodes psychologiques. En fait, il n'y a aucune preuve que la psychothérapie puisse aider à soulager le phénomène d'inattention, la faible capacité de contrôler les impulsions et l'hyperactivité motrice d'un enfant (1998, p. 92).

Cependant, Ross & Ross (1982) écrivent: «La psychothérapie traditionnelle était systématiquement éliminée du coffre à outils du traitement de l'hyperactivité, la principale base de cette position drastique étant une étude dont la méthodologie était inadéquate» (p. 7). En conséquence, l'impact de l'inconscient humain sur un comportement comme l'hyperactivité et la « distractibilité », le rôle de l'ego dans la médiation des émotions fortes impliquées dans l'impulsivité, et d'autres importants aspects psychodynamiques ont été essentiellement ignorés. Toutefois, il y a de bons exemples dans les textes cliniques traitant des problématiques liées à la psychodynamique que l'on retrouve chez les enfants dont l'attitude turbulente externe suggère un conflit intérieur profond (voir Dreikurs & Soltz, 1964; Erikson, 1977, p. 33-34; Jung, 1981; Nylund & Corsiglia, 1997; Tyson, 1991).

Les systèmes familiaux constituent une autre approche qui a reçu très peu d'attention des chercheurs traditionnels dans le domaine du TDA/H. Dans cette théorie, chaque membre de la famille est vu comme une partie d'un tout interconnecté, et chacun influence et est influencé par chacun des autres éléments de la famille. Les désordres développés par les personnes ne sont pas considérés comme résidant « dans » cet individu mais comme émergeant des difficultés du système familial dans son intégralité (Goldenberg & Goldenberg, 1980; Napier & Whitaker, 1988; Satir, 1983). Dans ce contexte, une petite fille agitée et distraite peut très bien extérioriser des problèmes qui existent entre ses parents, refléter un conflit entre ses frères et sœurs ou même être l'indice d'une brouille qui dure depuis plus de deux générations (McGoldrick & Gerson, 1986). Certains praticiens des systèmes familiaux considèrent cela comme une forme d'utilisation de « bouc émissaire » (Christensen, Phillips, Glasgow & Johnson, 1983). Accabler un membre de la famille permet souvent aux autres d'éviter de faire face à leurs propres difficultés.

Des études nous révèlent qu'il y a une plus grande probabilité que les enfants identifiés TDA/H viennent d'un milieu où il y a de la détresse conjugale, de l'anxiété parentale, de la dépression et d'autres formes de stress (Carlson, Jacobvitz & Sroufe, 1995; Diller & Tanner, 1996). Ainsi, il n'est pas farfelu de croire que certains jeunes peuvent crouler sous le poids de dynamiques familiales perturbées. Et ce n'est pas surprenant de constater que la plupart des théoriciens du TDA/H dénient vigoureusement ces influences et ciblent plutôt le rôle de la génétique, ainsi que l'impact dérangeant de l'individu ainsi diagnostiqué par leurs soins sur la famille. Dans le contexte de la théorie précédente, nous dirions qu'il s'agit là d'une stigmatisation grossière de la victime expiatoire (Biederman *et al.*, 1995).

Une dernière interprétation psychologique nous vient de la recherche sur les tempéraments. Les psychologues ont observé depuis des dizaines d'années que les enfants arrivent dans la vie avec presque tous les types de personnalité qui les déterminent grandement tout au long de leur vie. Une théorie développée par Stella Chess et Alexander Thomas de l'Université de New York suggère que les enfants naissent avec l'un des trois tempéraments suivants : facile, lent à comprendre, et difficile (Chess & Thomas, 1996).

Le psychiatre new-yorkais Stanley Turecki (1989, 1995) a consacré beaucoup de temps à rechercher les traits propres aux *enfants difficiles*. Il nous dit que ceux-ci possèdent, selon diverses combinaisons, quelques-unes des neuf caractéristiques suivantes : un haut niveau d'activité, une tendance à la distraction, une haute intensité, de l'irrégularité, une persistance négative, un faible seuil sensoriel, un penchant initial au retrait, une faible capacité d'adaptation et une humeur négative (voir aussi Greenspan, 1996). Plusieurs de ces types comportementaux décrivent très bien les jeunes identifiés TDA/H. Il est intéressant de constater que l'auteur considère l'« enfant difficile » comme un enfant *normal* (selon lui, plus de 20 % des enfants peuvent se ranger sous cette catégorie). Comme il le signale :

> Je crois fermement que vous n'avez pas à être dans la moyenne pour être normal. Ni que vous êtes anormal parce que vous êtes difficile (...) Les êtres humains sont tous différents, et une grande diversité de caractéristiques et de comportements composent la gamme de la normalité (Turecki, 1989, p. 18).

Les chercheurs dans ce domaine estiment que le plus grand problème des enfants difficiles, ce sont leurs parents. Si ces derniers ont des difficultés d'adaptation au tempérament de leur enfant, il en résulte ce que l'on appelle une « crise d'ajustement ». En ce sens, les symptômes du TDA/H ne seraient pas *dans* l'enfant lui-même, mais bien une « absence de chimie » entre lui et ses géniteurs. Comme Cameron l'observe : « Les problèmes comportementaux ressemblent métaphoriquement aux origines des tremblements de terre ; le tempérament de l'enfant représentant la faille, et les événements environnementaux, particulièrement le style de chacun des parents, les tensions » (p. 146).

Les remarques de Turecki citées précédemment révèlent également une problématique plus large et plus signifiante concernant les variations du comportement humain. Il affirme que les conduites humaines *normales* existent selon un large spectre de niveaux d'énergie, d'humeurs et de degrés de sociabilité. Les éducateurs doivent prendre garde de définir cet éventail comportemental de façon trop étroite. Une approche globale du syndrome du TDA/H permettrait de respecter la diversité humaine et entretiendrait la réticence à

« pathologiser » des êtres humains qui fonctionnent tout simplement à un rythme différent de celui de la majorité.

Et si on adoptait un paradigme holistique

Considérant tous les paradigmes présentés ici, vous avez la possibilité d'adopter différentes façons d'aborder le TDA/H. Vous disposez aussi d'une bonne diversité de points de vue que, comme éducateurs, vous pouvez utiliser pour comprendre ceux et celles à qui on a attribué cette étiquette. Ne regarder le jeune qu'à travers la lentille du paradigme biologique ne suffit pas. Nous devons observer l'enfant globalement à la lumière de sa physiologie, de sa personnalité, de son sexe, de ses étapes de développement, de ses styles d'apprentissage, de son bagage éducatif et culturel et de son milieu social, si nous voulons véritablement comprendre la nature de son comportement et déterminer quels outils, quelles stratégies et quelles techniques pourraient être les plus efficaces pour l'aider.

Évidemment, la plupart des adeptes du postulat biologique de cette affection clameront qu'ils *regardent* l'enfant TDA/H à travers une lentille pluridisciplinaire. L'approche la plus efficace pour venir en aide à cet enfant, tant au stade du diagnostic qu'à celui du traitement, est celle de l'équipe comprenant médecin, psychologue, travailleur social, enseignant ou spécialiste de l'apprentissage, les parents et la direction de l'école (Nathan, 1992 ; Whalen & Henker, 1991). Chaque spécialiste fournit des informations de son domaine particulier d'expertise afin d'élaborer un plan coordonné qui embrasse tout l'univers de l'enfant, tant à l'école que dans sa famille.

Cette approche en équipe est largement supérieure à celle caractéristique en Amérique du Nord de l'« enseignant qui réfère au médecin prescrivant du Ritalin ». Cependant, même ce point de vue interdisciplinaire est limité lorsqu'il place les facteurs médicaux au centre du diagnostic. Ce qui est inévitable puisqu'on a tout d'abord défini cet ensemble de troubles comme un désordre biologique (voir la figure 2.1, page 52). Tous les autres aspects sont alors drainés par l'étiquette du modèle médical. Les experts diront qu'ils sont très sensibles aux problèmes de développement, de styles d'apprentissage, de personnalité, du sexe et du milieu socio-culturel (Barkley, 1990). De fait, il sont attentifs à ces facteurs *seulement comme complément du diagnostic*. En voici quelques exemples :

◆ Le *développement* sera pris en compte dans la mesure où l'une de ses étapes spécifiques, comme l'adolescence, vient exacerber les symptômes au point de faire appel à une médication (Robin, 1990).

◆ La *théorie des systèmes familiaux* pourra être utilisée car elle permet aux parents d'apprendre à composer efficacement avec les problèmes, de maîtriser des stratégies efficaces de gestion et de recevoir du support pour le stress causé par l'enfant TDA/H (Barkley, 1990).

◆ L'*apprentissage* fera l'objet d'une évaluation pour déterminer si il y a des difficultés comorbides d'apprentissage qui accompagnent le TDA ou le TDAH (Barkley, 1990, p. 75-77).

Dans chacun de ces cas, au lieu de considérer la possibilité que ces facteurs puissent être responsables d'une bonne partie ou de l'ensemble du trouble comportemental, on préfère les voir comme des satellites qui tournent autour du centre de gravité qu'est le modèle médical du TDA/H. Ce paradigme constitue le diagnostic lui-même (voir la figure 2.1, page 52).

La figure 2.1 illustre l'interaction des divers points de vue dans le contexte traditionnel (Barkley, 1990, p. 210). Toutes les routes mènent essentiellement aux dimensions biologiques du problème qui constituent le fondement sur lequel les « experts » basent tous les autres aspects du syndrome.

Même s'il peut sembler que les intervenants discutent de tous les aspects du monde de l'enfant dans une rencontre d'évaluation soit pour le diagnostiquer, soit pour discuter des diverses possibilités de traitement, le postulat biologique sert trop souvent de point de départ.

J'aimerais suggérer une approche qui en surface paraît similaire à la perspective interdisciplinaire décrite ci-dessus. Et pourtant, elle est fondamentalement différente quant aux discussions qu'elle propose sur l'hyperactivité, la distraction ou l'impulsivité. Essentiellement, je propose que nous sortions le biologique du centre de l'action et que nous le replacions ailleurs en concentrant toute cette enquête (la rencontre de l'équipe pour parler de l'individu) sur la globalité de l'enfant. Quand je parle de l'« enfant global », je parle de lui dans toutes ses dimensions, dans sa profondeur, dans sa largeur, dans sa richesse, dans sa complexité et dans son uni-

Figure **2.1** Le paradigme traditionnel du TDA/H

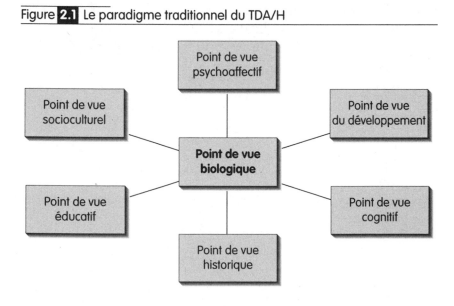

cité. Je parle de l'enfant au-delà de son « étiquette », celui qui est au-delà du diagnostic, qui représente toujours quelque chose de mystérieux à nos yeux. Un mystère que l'on commence à percer en se servant des outils de compréhension que représentent les différents points de vue dont nous avons parlé dans les pages qui précèdent.

Chacun des points de vue – cognitif, éducatif, du développement et autres – contient une partie de la vérité tout en respectant l'enfant dans sa globalité. La difficulté apparaît lorsque quelqu'un ayant négligé l'une ou l'autre des dimensions de ce « tout » prétend qu'il a découvert le « véritable » enfant qui se trouve devant lui et que l'enfant souffre du TDA/H, ou qu'il a des « difficultés d'apprentissage ». Pour se protéger contre cette perception partielle de l'enfant, nous devons nous assurer que nous le traitons avec respect et révérence, en considérant le miracle de la vie que chacun d'eux représente. Ce qui se retrouve alors au cœur n'est pas une hypothèse particulière ou un point de vue étroit, mais un horizon ouvert sur la globalité de l'enfant : sur ses possibilités tout autant que sur ses réalités (ce qu'il est ou semble être actuellement), sur ses forces aussi bien que sur ses faiblesses, sur son individualité tout autant que sur sa relation à son environnement social, sur ses qualités intérieures tout autant que sur son comportement extérieur, sur ce qu'il sait tout autant que sur ce qu'il ne sait pas, et même sur les aspects que nous ne pouvons pas percevoir (voir la figure 2.2, page 54).

Notez que le point de vue biologique ne disparaît pas du schéma holistique. Il cesse simplement d'être l'unique centre d'intérêt et devient une perspective parmi les autres. Il est évident que pour chaque enfant que l'on retrouve au cœur de ce diagramme, l'importance des différents paradigmes peut varier considérablement. Pour celui qui a souffert d'anoxie à la naissance, d'un empoisonnement au plomb pendant la petite enfance, d'une maladie sérieuse affectant le cerveau (comme une encéphalite) pendant ses premières années, ou de tout autre dommage neurologique, le point de vue médical peut prendre une importance prédominante dans l'image globale du comportement de l'enfant et de sa capacité

Figure **2.2** Un schéma holistique

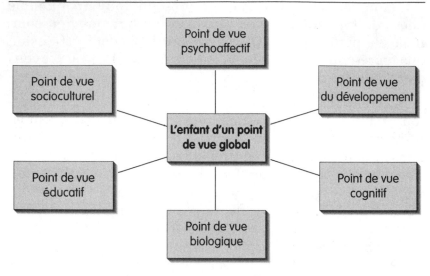

d'attention. Pour un autre, cependant, ce peut être le point de vue cognitif qui a le rôle le plus déterminant (par exemple un enfant très créatif), ou le point de vue éducatif (pour un enfant très kinesthésique/spatial), ou celui du développement (c'est le cas de ceux considéré comme « lent »). Ainsi, en bout de ligne, chacun jouera son rôle en fournissant l'information utile et nécessaire sur ce qu'est l'enfant, et sur ce qui peut l'aider à réussir à l'école ou à la maison. Chaque appréhension permet d'identifier de nouvelles questions que l'on peut se poser par rapport à l'enfant, interrogations qui peuvent nous aider à esquisser une image élargie de ses capacités et de ce qu'il peut réellement accomplir dans la vie.

Le tableau 2.1 nous en propose quelques-unes qu'un point de vue holistique sur les troubles de l'attention et du comportement pourrait soulever, et qui pour la plupart ne sont pas posées dans le paradigme traditionnel du TDA/H. On y retrouve des suggestions sur les personnes les plus susceptibles de poser de telles questions, quels types d'évaluation pourraient être utilisés pour rassembler l'information et quelles sortes d'intervention pourraient être appropriées.

Tableau 2.1 Questions et réponses selon les diverses perspectives

Paradigme ou point de vue	Question clé	Experts clés	Exemples d'évaluations potentielles	Exemples d'interventions potentielles
Socioculturel	Quelle part des difficultés d'attention et de comportement de l'enfant résulte des différences culturelles ?	Travailleur social sensible aux différences culturelles, psychologue, enseignant	Visites à la maison ; observations en classe	Parcours d'apprentissage adapté aux spécificités culturelles, célébration de la différence culturelle
Psychoaffectif	Quelle part des difficultés d'attention et de comportement de l'enfant résulte d'un traumatisme émotionnel, de l'anxiété ou de la dépression, ou encore des différences de tempérament ?	Psychologue clinicien, psychiatre, conseiller assermenté	Évaluation de la dépression, de l'anxiété ; observation du tempérament	Psychothérapie ; thérapie familiale ; soutien émotionnel dans l'environnement de la classe
Développement	Quelle part des difficultés d'attention et de comportement résulte d'un rythme différent de développement ?	Pédiatre, spécialiste du développement de l'enfant	Index de développement de l'enfant ; observation en situation	Parcours d'apprentissage ajusté au développement ; réajustement des attentes vis-à-vis du comportement
Cognitif	Quelle part des difficultés d'attention et de comportement résulte de la créativité ou d'autres différences cognitives positives ?	Spécialiste des enfants doués et talentueux, psychologue cognitiviste	Outils créatifs ; évaluation cognitive	Utilisation de l'expression artistique, parcours d'apprentissage créatif, parcours pour doués et talentueux et autres approches créatives
Biologique	Quelle part des difficultés d'attention et de comportement résulte de troubles biologiques ou de différences neurobiologiques ?	Médecin de famille, spécialiste médical (ex. : neurologiste, psychiatre, etc.)	Examen médical ; tests médicaux spécialisés	Médication (ex. : Ritalin) ; traitement pour problèmes d'ordre physique (…)

(suite ➝)

Tableau **2.1** Questions et réponses selon les diverses perspectives				
Paradigme ou point de vue	Question clé	Experts clés	Exemples d'évaluations potentielles	Exemples d'interventions potentielles
Éducatif	Quelle part des difficultés d'attention et de comportement résulte des différences d'apprentissage?	Spécialiste de l'apprentissage, enseignant régulier	Inventaire des styles d'apprentissage; évaluation des intelligences multiples; évaluation authentique; «portfolio» des travaux de l'enfant	Stratégies d'enseignement adaptées au mode d'apprentissage individuel de l'enfant, à ses forces parmi les intelligences multiples

Remarquez que je soulève ces interrogations dans un cadre positif de façon à construire une image de *qui est* cet enfant, de *ce qu'il a*, et non pas de ce qui lui manque. Comme je l'ai mentionné antérieurement dans ce livre, l'un des aspects les plus désastreux du paradigne TDA/H tel que nous le connaissons, c'est qu'il en est un de *déficit*. En effet, l'accent est mis sur la découverte du *déficit d'attention* de l'enfant, ou sur le fait qu'*il n'est pas TDA/H*. Dans ce paradigme, les éléments négatifs sont prédominants:

◆ Lorsque les intervenants explorent la problématique éducative, ceux qui adoptent le point de vue biologique analysent les faits d'abord par rapport à ce qui ne va pas (les notes faibles, les résultats mitigés aux différents tests ou les possibilités de difficultés d'apprentissage).

◆ Dans le domaine cognitif, les mêmes personnes semblent n'avoir aucun intérêt à explorer la nature de l'esprit de l'enfant pour ce qu'elle est. Ils se placent plutôt dans la recherche des problèmes spécifiques du côté de l'attention et de la mémoire.

◆ Dans le domaine du développement, les spécialistes ont tendance à identifier les possibilités d'«immaturité», sans tenir compte du fait que chaque enfant peut avoir un rythme d'évolution différent ou une expression caractéristique de «néoténie» (voir p. 43).

Les publications traitant de l'utilisation d'étiquettes telles que TDAH ou difficultés d'apprentissage suggèrent que les enfants peuvent en être stigmatisés (Harris, Milich, Corbitt, Hoover & Brady, 1992 ; Rosenthal, 1978 ; Rosenthal & Jacobson, 1968 ; Sutherland & Algozzine, 1979). Ceci est particulièrement dévastateur pour les dénommés TDA/H qui, nous apprend la recherche, souffrent toujours d'une faible estime d'eux-mêmes, de résignation apprise et d'un *locus of control* externe (Linn & Hodge, 1982 ; Milich & Okazaki, 1991).

Dans cette approche globale, j'ai cherché à poser des questions qui nous protègent de cette négativité afin que nous puissions voir l'enfant comme un être humain complet, possédant des forces et des faiblesses. Le plus important, c'est de saisir l'enfant dans son intégralité.

Des stratégies pour donner du pouvoir aux enfants diagnostiqués TDA/H, et non pour les contrôler

Lorsque nous utilisons une approche globale pour composer avec les problèmes du TDA/H, nous multiplions les possibilités de stratégies pour venir en aide aux enfants éprouvant des difficultés d'attention et de comportement. Dans l'état actuel des choses, la plupart des défenseurs du paradigme traditionnel ont une attitude conservatrice vis-à-vis de ces stratégies. De récents livres sur le sujet s'adressant au personnel enseignant et aux parents regorgent de mises en garde contre les traitements qui n'ont pas fait leurs preuves d'efficacité dans le traitement du syndrome (Ingersoll & Goldstein, 1993). Certaines sont tout à fait fondées. Il existe en effet des compagnies commerciales proclamant que leur produit (une herbe, une potion, un ensemble de lumières et de sons, un kit, ou quelqu'autre marchandise destinée à enrichir l'industriel) « guérira » ou améliorera de façon notable le comportement des gens souffrant de troubles déficitaires de l'attention avec ou sans hyperactivité.

Néanmoins, il est préoccupant de constater que la plupart des ouvrages spécialisés tendent à n'approuver que certains « traitements » (habituellement, une médication, une thérapie comportementale cognitive, une formation pour les parents et quelques aménagements éducatifs), et à considérer toutes les autres approches comme « non scientifiques ». En 1993, Ingersoll & Goldstein insistaient pour que les nouvelles stratégies passent au travers de procédures expérimentales des plus rigoureuses comme les études en double aveugle contre placebo, pour être considérées comme un traitement valide. Il s'agit là de la méthode empirique appliquée au Ritalin et autres substances psychoactives. Ce sont là des critères efficaces pour valider l'effet des médicaments, mais ils ne le sont pas nécessairement avec les autres types d'interventions.

Nombre de découvertes dans le domaine de la médecine, de la psychologie, de la psychiatrie et de l'éducation ont vu le jour grâce à des méthodes de recherche alternatives. Il en fut ainsi pour la psychanalyse (études de cas individuels), pour les risques liés à la consommation de tabac (études «longitudinales») et pour l'apprentissage coopératif (comparaisons de groupes). Le paradigme TDA/H s'appuie tellement sur des principes biologiques que ces exigences relevant du domaine médical semblent aller de soi, mais c'est loin d'être le cas. Libérés de cette perception restreinte, nous adopterons une démarche globalisante, nous permettant d'accepter une large gamme de recherches, de techniques, de méthodes et d'outils.

Dans ce chapitre, je présenterai un ensemble d'idées pratiques pouvant s'avérer utiles et efficaces pour aider les enfants présentant des difficultés d'attention et de comportement. Il s'agira d'exposer des stratégies dans le domaine éducatif, cognitif, physique, affectif, biologique, écologique et comportemental. Gardez toutefois à l'esprit que je ne désire pas les vendre comme des «traitements du TDA/H». Ayant adopté l'approche holistique pour cette problématique, je suis plutôt préoccupé par l'idée d'aider un enfant que par celle de traiter un problème.

Je le répète : chaque enfant qui est aux prises avec des désordres de l'attention et du comportement possède une collection unique de facteurs définissant son monde à lui. En tant qu'éducateurs, nous devons offrir un éventail assez diversifié pour répondre aux besoins de plusieurs types d'enfants, et ne pas se limiter à traiter un hypothétique enfant « TDA/H ».

DES STRATÉGIES ÉDUCATIVES

Le domaine du TDA/H a démontré un manque flagrant d'imagination pour ce qui est de fournir des stratégies pédagogiques susceptibles d'aider les enfants ciblés. Étant donné que ceux qu'on appelle les « TDA/H » reçoivent souvent cette étiquette pour des problèmes trouvant leur origine dans le cadre scolaire, on aurait pu croire que les chercheurs auraient concentré leurs efforts à développer des techniques afin d'aider ces élèves à apprendre et à se conduire plus efficacement en classe.

Actuellement, les conseils adressés au domaine de l'éducation par les spécialistes ont tendance à être banals pour ne pas dire nuls. Une « feuille de recommandations » produite par la Children and Adults with Attention Deficit Disorders, la principale association de défense des personnes atteintes aux États-Unis, propose les actions suivantes : « Utilisez le prénom de l'élève lorsque vous vous adressez à lui » (1994). Je me demande ce que l'enseignant ou l'enseignante faisait auparavant ? D'autres suggestions sont tout simplement fades ou évidentes : « Affichez les règles de la classe », « Allouez plus de temps pour lui permettre de compléter son exercice ou son examen », « Établissez un contact visuel avec l'élève avant de le nommer et de lui transmettre des instructions ».

Plusieurs autres livres et guides pour le personnel enseignant focalisent sur l'ajustement de l'« enfant TDA/H » à la classe traditionnelle : organiser ses notes, se souvenir de ses devoirs, écouter attentivement l'enseignant. Parmi ces recettes, on retrouve l'utilisation d'autocollants « bonhomme sourire » en guise de récompense, les compliments, le morcellement de la tâche en petites portions, asseoir le jeune près du bureau de l'institutrice et l'usage d'outils organisationnels comme des cahiers à anneaux et des feuillets autoadhésifs en guise de rappels (Braswell, Bloomquist & Pederson, 1991 ; Parker, 1992).

Les travaux de Sydney Zentall de l'université Purdue constituent à cet égard une exception extraordinaire. Elle et ses collègues ont mis l'emphase sur l'organisation d'un environnement d'apprentissage stimulant. Sa prémisse est que beaucoup d'enfants catégorisés TDA ou TDAH sont sous-stimulés et qu'ils requièrent une plus forte dose d'excitation que la personne «moyenne». Ce qui explique que le Ritalin, un stimulant, soit si efficace pour calmer le comportement et augmenter la concentration (Zentall, 1975; Zentall & Zentall, 1983). L'auteur a mené de nombreuses études sur l'utilisation de la couleur, des sons et autres stimuli. Ces recherches révèlent qu'un usage sélectif et approprié de certains types de stimulations au sein de la classe s'avère particulièrement efficace avec ces enfants et les aide à mieux réussir leurs apprentissages (Zentall, 1993a et b; Zentall & Kruczek, 1988; Zentall & Zentall, 1976). Les travaux de Zentall constituent l'une des rares sources éclairantes dans la recherche sur le TDA/H, qui autrement est relativement peu inspirante (pour connaître une autre approche créative, voir Reif, 1993).

Ce qui est si décourageant à propos de cette carence en stratégies novatrices, c'est que l'éducation est engagée dans une véritable renaissance depuis près de vingt ans. Des innovations pédagogiques comme les styles d'apprentissage, l'apprentissage compatible au fonctionnement du cerveau, l'apprentissage coopératif et l'évaluation authentique ont révolutionné notre perception de l'enseignement. Pourquoi le domaine du TDA/H traîne-t-il la patte? L'approche holistique tente d'incorporer plusieurs de ces innovations dans le travail auprès des enfants étiquetés TDA/H. On y retrouve aussi l'utilisation de la théorie des intelligences multiples, des résultats de la recherche sur l'apprentissage périphérique non formel et de la nouvelle technologie éducative.

La théorie des intelligences multiples

Howard Gardner (1983, 1993) fournit un excellent cadre de travail pour structurer des expériences d'apprentissage en accord avec les «propensions» particulières (domaines d'intérêt ou de compétence) des individus diagnostiqués TDA/H. Les huit intelligences de cette théorie (linguistique, logico-mathématique, spatiale, corporelle-kinesthésique, musicale, interpersonnelle, intrapersonnelle et naturaliste) fournissent une palette pédagogique dans laquelle le personnel éducatif peut puiser pour construire la bonne activité, celle qui convient à un élève en particulier. Celui dont l'attention s'envole et dont le comportement se désorganise quand il étudie la Deuxième Guerre mondiale dans des livres ou des cours magistraux peut être complètement absorbé par le sujet si celui-ci lui est présenté sous forme d'images, de musique ou de jeux de rôles. L'élève qui oublie de faire son résumé de lecture ou ses problèmes de mathématiques peut devenir passionné par un projet d'apprentissage qui consiste à faire une entrevue avec ses grands-parents dans un cours d'histoire (intelligence interpersonnelle), à prendre des photos d'animaux du voisinage dans une unité d'écologie (intelligence naturaliste et spatiale), ou à composer un chant sur un personnage à l'aide d'un piano électrique (intelligence musicale).

Au cours des dernières années, le personnel enseignant et les unités de recherche ont produit une grande variété de livres, de manuels, de cassettes vidéo et bien d'autres ressources éducatives offrant une riche collection d'idées, de stratégies et d'activités qui font appel aux intelligences multiples dans presque tous les domaines du parcours d'apprentissage (Armstrong, 1994 ; Campbell, 1994 ; Campbell, Campbell & Dickinson, 1996 ; Haggerty, 1995 ; Lazear, 1991). Il est possible d'adapter une bonne partie de ce matériel lorsqu'on travaille avec des apprenants aux besoins particuliers.

En outre, plusieurs sources sont disponibles pour ceux qui veulent explorer de nouvelles formes d'évaluation des enfants en utilisant les principes des intelligences multiples (Gardner, 1993 ; Krechevsky, 1991 ; Lazear, 1994 ; Scrip, 1990). Ainsi, pour des enfants qui ont des difficultés d'attention lors des examens, développer des instruments d'évaluation authentique basés sur cette théorie engendre un contexte propice à la concentration. Celui dont l'esprit divague pendant une interrogation écrite portant sur un personnage historique retrouvera tout son intérêt si l'enseignante lui demande de jouer ce personnage pour démontrer ses connaissances.

L'utilisation du cadre des intelligences multiples fonctionne relativement bien dans l'élaboration des techniques spécifiques pour *capter l'attention*. Prenons un élève qui ne sait pas respecter la file d'attente à l'entrée du réfectoire malgré les injonctions du surveillant (« O.K. les jeunes, c'est le moment de se mettre en rangs ! »). S'il dispose d'une photo de la classe en rangs, prête à aller manger, cela pourrait activer la partie de son cerveau traitant les informations à caractère spatial et donner lieu à une réaction rapide à la consigne.

Sydney Zentall (1993b) nous raconte comment une enseignante a utilisé la musique pour obtenir d'une jeune fille qu'elle se rappelle ses devoirs à faire à la maison. L'enseignante a enregistré une cassette sur laquelle on retrouvait d'abord certaines directives relatives aux travaux, puis une sélection de ses pièces musicales favorites, suivie d'un complément aux recommandations. La petite s'empressait de se rendre chez elle pour y écouter son enregistrement. Sa capacité à se souvenir de ses devoirs s'est grandement améliorée. D'autres éducateurs ont développé, avec certains élèves, des « signaux » corporels kinesthésiques spécifiques afin de leur transmettre certaines instructions en classe : se frotter le ventre signifie « c'est l'heure d'aller manger », laisser tomber les deux mains « ralentis la cadence d'un degré ou deux ! », un doigt pointé sur la tempe « rappelle-toi tes travaux à la maison ! »).

L'application qui est peut-être la plus puissante et la plus excitante dans la pratique des principes de la théorie des intelligences multiples consiste à l'enseigner aux élèves. D'autant plus que cela est très facile. Néanmoins, il peut s'avérer efficace de simplifier les termes, comme ceci : être *intelligent avec les mots, intelligent avec les chiffres, intelligent avec les images, intelligent avec la musique, intelligent avec son corps, intelligent avec les autres, intelligent avec soi* et *intelligent avec la nature.* Il est important de mettre l'emphase sur le fait que chacun a ces *huit* sortes d'intelligence. L'élève peut se sentir découragé parce qu'il entend tout le monde parler de lui comme un apprenant « hyperactif et en déficit d'attention ». La théorie des intelligences multiples fournit un nouveau vocabulaire positif qui décrit comment il assimile le mieux, et ce dont il peut avoir besoin dans une situation d'apprentissage particulière pour répondre adéquatement (Armstrong, 1994 ; Lazear, 1993).

L'apprentissage périphérique non formel

L'apprentissage non formel est la façon dont nous avons tous appris au cours des premières années de notre vie. Il est non dirigé, et se produit dans la vie de tous les jours. Nous acquérons une connaissance de l'environnement par incidence. C'est ainsi que l'on apprend à parler. Les parents ne s'assoient pas pour expliquer les mots un à un aux petits (à tout le moins, ils ne devraient pas le faire). Les enfants écoutent les autres parler, les imitent, reçoivent des réponses spontanées de leur entourage et articulent les sons qu'ils entendent. Il en va de même pour bien des choses, que ce soit faire de la bicyclette ou s'entendre avec son patron.

Malheureusement, la plupart des enseignants ne valorisent pas l'apprentissage par incidence. Ce qui est important dans les classes traditionnelles, c'est que les élèves se concentrent sur des tâches très spécifiques : la voix de l'enseignant, le point 24 de la liste, la page 97 du livre de mathématiques, la directive écrite au tableau. Ce sont là précisément les types d'exigences avec lesquelles les enfants souffrant de TDA/H ont le plus de difficultés. Ou bien ils ne peuvent pas ou bien ils ne veulent pas porter attention à de tels stimuli à moins qu'ils y soient poussés par des renforcements de modification de comportement ou d'autres mesures incitatives (y compris la médication).

Pourtant, certaines recherches révèlent que beaucoup d'enfants possèdent une capacité d'attention périphérique d'un *niveau supérieur*. En d'autres mots, ils s'intéressent plus aux choses auxquelles ils ne sont pas supposés s'intéresser ! Pendant que l'enseignant parle, ils écoutent ce que Mathieu dit à Marc au fond de la salle. Ils lisent les graffitis sur le tableau, que l'enseignant n'a même pas vus. Ils entendent les pas dans le corridor ou la sirène de l'ambulance au loin.

La plus grande erreur à commettre avec cette faculté d'attention périphérique, c'est de l'ignorer, de ne pas la connaître ou d'essayer de forcer le retour à l'attention centrée sur l'exercice laborieux. Ceux qui valorisent l'assimilation par incidence réussissent à conjuguer méthode traditionnelle et capacités spécifiques. Imaginons un enseignant en train de lire l'histoire d'un personnage nommé Éric, lequel est perdu dans les bois. Soudain, on entend la sirène du camion de pompier passant tout près de l'école. Au lieu que de se battre avec toute la classe: «Hé! hé! tout le monde, je veux votre attention. Joseph, reste assis!», cet individu averti déclare: «Oh! on entend la sirène du camion de sauvetage qui vient aider ce pauvre Éric!» Immédiatement, le stimulus «incidentiel» devient central dans l'histoire et l'enfant dont l'attention «se perdait» se retrouve soudain au cœur même de l'histoire!

Il s'est constitué un véritable système éducatif au cours des vingt-cinq dernières années autour de cette notion d'apprentissage périphérique par incidence. Originellement développée par un psychiatre bulgare, Georgi Lozanov, la «suggestopédie», «le superapprentissage», ou l'«apprentissage accéléré», comme on l'appelle habituellement en Amérique du Nord, a fourni une grande variété d'activités qui utilisent l'«attention périphérique par incidence» des élèves afin d'améliorer leurs résultats (Lozanov, 1978; Rose, C., 1989; Schuster & Gritton, 1986). En voici quelques exemples:

◆ Les enseignants peuvent introduire le vocabulaire et l'épellation de mots en affichant des pancartes décoratives sur le mur une semaine avant la présentation de cette partie de la matière. Lorsque les yeux des élèves se promènent dans la classe pendant ce laps de temps, ils s'arrêtent souvent sur ces images et sur les mots à apprendre. Souvenez-vous qu'ils *ne sont pas supposés* y porter attention pendant cette semaine! Ils réussissent souvent mieux à assimiler quand vient le moment «officiel» d'apprendre ces mots.

◆ Les élèves écoutent la présentation que l'enseignant donne d'une façon rythmée tout en écoutant une musique de fond. On demande aux étudiants de « ne pas écouter la voix de l'enseignant, mais seulement de relaxer et de savourer la mélodie ». Selon les recherches, ceci est extrêmement efficace pour l'acquisition de certains types de connaissances, comme les langues étrangères (Druckman & Swets, 1988).

◆ Le théâtre est aussi très utilisé comme technique d'apprentissage accéléré. Un enseignant peut présenter sa leçon sous la forme d'un spectacle de marionnettes ou en se costumant de façon à mettre en valeur les éléments les plus importants de ce qu'il explique ce jour-là. Rappelez-vous le film *Stand and Deliver* où on voit Jaime Escalande vêtu d'un tablier décoré d'une pomme et tenant un hachoir pour illustrer les fractions dans son cours de mathématiques.

Ce sont là quelques activités dont l'élève se souviendra longtemps après avoir quitté l'école. En effet, elles ont « rivé » l'attention des élèves. Il m'apparaît vraiment extraordinaire, dans un domaine voué à l'aide aux enfants ayant des problèmes d'attention, de retrouver si peu d'écrits traitant des meilleures stratégies pour accrocher l'attention des élèves de la façon la plus vivante posssible.

Mais si l'« apprentissage périphérique par incidence » peut être utilisé pour transmettre le contenu relié aux objectifs de l'enseignant, le comportement « non centré sur la tâche » peut lui aussi se révéler assez pédagogique. Dans une étude, Dyson (1987) notait que ce type de comportement involontaire des élèves les aidait à développer des habiletés intellectuelles. Dans d'autres recherches, on remarquait que ceux identifiés TDAH s'avéraient plus créatifs, plus spontanés que ceux dits normaux (Zentall, 1988). Ils démontraient souvent dans leur « discours privé » non censuré la faculté d'organiser leur pensée autour du travail à accomplir (Berk & Landau, 1993). La plupart des théoriciens du développement de l'enfant disent que le jeu libre non structuré contribue à son bien-être intellectuel, social et émotionnel (Mann, 1996 ; Sutton-Smith, 1998).

Durant les cinq années où j'ai enseigné à des enfants présentant ces troubles, j'ai toujours mis à l'horaire une période d'habituellement 20 à 30 minutes où les élèves avaient le « choix ». Ils pouvaient alors s'engager dans une activité libre « non structurée et non centrée sur la tâche » telle que la peinture, la lecture, le théâtre, la menuiserie, l'écriture au clavier, ou l'écoute de musique. Pour beaucoup d'entre eux, ce moment était le meilleur de la journée.

Il est essentiel que la pédagogie fasse appel à l'« apprentissage périphérique » ou « par incidence » pour aider les enfants à réussir à l'école et dans la vie, particulièrement ceux diagnostiqués TDA/H.

La technologie au service de l'éducation

Comme je l'expliquais dans le chapitre 2, bien des enfants présentant ces symptômes sont le produit de notre société « d'attention à courte durée ». Tout se passe comme si leurs intellects étaient littéralement moulés par les séquences en accéléré de la télévision, des jeux vidéo et des programmes informatiques. J'ai déjà insisté sur la manière dont les grands pontes médiatiques auraient *construit* la capacité limitée de concentration de la population, en créant des demandes de plus en plus grandes par des stimulations toujours plus rapides. Cependant, je dois signaler que ces nombreux problèmes générés par ce phénomène contemporain de la haute vitesse demeureront. Que l'on aime cela ou non, les changements d'images et de sons seront probablement là pour un bon bout de temps, et ils s'accentueront encore. Ce qui sera d'autant plus frustrant pour les éducateurs habitués à former les enfants par un processus d'information linéaire constitué d'unités d'apprentissage présentées étape par étape.

Considérant cette probabilité de niveaux accrus de stimuli dans le futur, nous devrions chercher à en tirer avantage et explorer le potentiel de la technologie. En effet, cette dernière s'avère un outil incontournable dans notre recherche de moyens pour aider les jeunes définis TDA/H à apprendre plus efficacement. Il se pourrait bien que ces derniers soient particulièrement bien équipés, étant donné leur propension à l'intense stimulation (Zentall, 1993a ; Zentall & Zentall, 1976).

Les plus grands progrès de l'informatique, au cours des dix dernières années, auront été l'apparition du populaire programme nommé « hypertexte » et du vaste réseau d'information que constitue Internet. La similarité entre les termes « *hyper*texte » et « *hyper*actif » a sûrement été remarquée par plusieurs pédagogues. Comme si les nouvelles possibilités non linéaires d'accès à l'information imitaient, à un certain degré, la façon de travailler de l'esprit de ces nombreux enfants aux prises avec des difficultés d'attention et de comportement (des liens qui « cliquent » sur des liens qui « cliquent » vers d'autres liens qui « cliquent » à l'intérieur d'un immense réseau aux innombrables ressources).

Les écrits spécialisés font souvent référence à la non-linéarité du fonctionnement intellectuel de ces enfants (Moss, 1990, p. 59). Le problème est que cette aisance est, dans le paradigme traditionnel, perçue comme une déficience, comme nous le constatons dans la dénomination négative de la « distractibilité », l'un des premiers symptômes du TDA/H. On pourrait cependant l'envisager de façon plus positive, comme une divergence, une faculté d'associer ou même de la créativité car elle répond exceptionnellement aux exigences de la « navigation dans Internet ». Dans ce « cyberenvironnement », celui qui traite l'information par la vieille approche linéaire priorisée dans les écoles depuis des siècles a de bonnes chances de se retrouver désavantagé. Les publications populaires foisonnent d'exemples de gens ayant réussi dans l'industrie de l'informatique au cours des vingt dernières années alors qu'ils fonctionnaient mal dans les milieux scolaires traditionnels. Ils ont apporté une nouvelle façon d'être dans le monde des affaires et dans notre culture en général (Rose, 1987). Le domaine de l'éducation devra sérieusement étudier les liens que l'on peut faire entre ce traitement divergent de l'information et l'esprit associatif des enfants étiquetés TDA/H.

De fait, la recherche nous explique que la technologie informatique est une approche très efficace pour ces derniers (Bender & Bender, 1996 ; Ford, Poe & Cox, 1993 ; Millman, 1984). Les avantages de l'ordinateur pour les enfants qui ont des difficultés d'attention et de comportement comprennent, notamment, les éléments suivants :

◆ un *feed-back* instantané dû au phénomène de très haute vitesse ;

◆ la possibilité de contrôler les stimuli ;

◆ l'utilisation de couleurs brillantes et de sons marqués ;

◆ une grande interactivité.

Évidemment, nous pouvons les lasser en usant de programmes informatiques peu excitants : par exemple des versions électroniques de feuilles d'exercices, d'examens, de cahiers d'exercices, de conférences et de directives verbales qui ennuyaient déjà les enfants dans le modèle traditionnel. Toutefois, les concepteurs de nouveaux programmes ont développé de nouvelles façons de les organiser qui évitent ces pièges et qui stimulent l'intérêt, l'attention et la performance.

Il se pourrait bien que les programmes informatiques, Internet, l'utilisation éducative de la télévision, les films et les autres techniques pédagogiques soient tout à fait adaptés aux enfants faisant preuve d'attention de courte durée. Certaines recherches soulignent la capacité des « TDA/H » à soutenir un niveau normal de concentration lorsqu'ils regardent la télévision (Landau, Lorch & Milich, 1992). D'autres spécialistes ont insisté sur la recommandation suivante : les parents et le personnel enseignant devraient limiter le nombre d'heures passées devant la télévision, les jeux vidéo et l'ordinateur pour les enfants TDA/H. Ils devraient aussi s'assurer d'éviter les diffusions où on retrouve un haut niveau de violence (Heusmann & Eron, 1986). Il reste qu'une utilisation judicieuse de la technologie à grande stimulation peut fournir une ressource éducative importante pour aider ces élèves à acquérir l'information d'une manière qui est synchronisée avec leur « hyperesprit ».

DES STRATÉGIES COGNITIVES

Dans le chapitre 1, nous constatons que le terme « trouble déficitaire de l'attention » est une construction *cognitive*. Par conséquent, la première préoccupation de ceux qui travaillent dans ce domaine devrait être de chercher à mieux comprendre comment les personnes ainsi définies pensent. Or, la perception s'est élaborée selon le point de vue du déficit. Ce paradigme basé sur l'infirmité conduit la recherche à estimer que les « TDA/H » *ne peuvent pas* réfléchir aussi bien que les enfants « normaux » (Hamlett, Pellegrini & Conners, 1987 ; Pennington, Groisser & Welsh, 1993). Les stratégies cognitives qui découlent de cette appréhension visent à amener ces enfants à penser comme ceux qui constituent encore la majorité.

Le bilan s'avère mitigé (Abikoff, 1985 ; Fehlings, Roberts, Humphries & Dawes, 1991). L'une des raisons de l'ambivalence de ces résultats pourraient bien être que les spécialistes ont imposé des procédures cognitives spécifiques aux enfants étiquetés TDA/H sans chercher à découvrir comment ils *apprennent réellement*. Nous ne voyons et ne comprenons pas suffisamment comment apprennent ceux qui ont des difficultés d'attention et de comportement. Est-ce que ces enfants pensent avec des mots, des nombres, des images, de la musique, des sensations physiques ou de toute autre façon ? Avec la venue de nouveaux modèles de pensée et d'apprentissage, nous disposons maintenant d'un plus grand éventail de possibilités pour contextualiser les différentes techniques d'apprentissage des enfants TDA/H (Gallas, 1994 ; Houston, 1982 ; Samples, 1976 ; Schwartz, 1992 ; Taylor, 1991).

Des techniques comme « se parler à soi-même », la visualisation et le biofeedback sont des outils cognitifs naturels pour les élèves TDA/H afin de réussir à l'école et dans la vie.

Se parler à soi-même

L'usage de mots pour orienter l'esprit vers des objectifs spécifiques constitue la base de la fonction verbale chez l'être
humain. Les tout-petits organisent la plus grande part de leur
réflexion par le discours solitaire, soit par le processus de se
parler à soi-même ou celui de parler sans s'adresser à
personne en particulier (Vygotsky, 1986). Graduellement,
lorsque nous grandissons, le flot verbal s'intériorise et se
transforme en un *discours intérieur*. Chez les adultes, le
« verbiage parallèle » des plus jeunes est remplacé par un
« verbiage silencieux ».

Les spécialistes ont dirigé la plus grande partie de leurs
efforts vers les thérapies cognitives pour apprendre aux
enfants TDA/H à appliquer des tactiques de ce style. Cependant, la recherche actuelle nous apprend que beaucoup
d'enfants ayant des problèmes d'attention et de comportement *ont déjà* la capacité de pratiquer ce type de discours
dans la classe et que ces programmes leur enseignent quelque chose qu'ils *savent* faire. Berk et Landau (1993) suggèrent plutôt que les enseignants organisent l'environnement
de la classe de façon à ce qu'ils ne dérangent pas les autres en
favorisant leur faculté naturelle à « se parler à eux-mêmes »
durant les périodes de travail.

Berk et Potts (1991) ont démontré que certains élèves aux
prises avec des difficultés d'attention et de comportement
continuent à utiliser le discours solitaire bien après que les
autres l'aient transformé en un discours intérieur. Dans de
telles circonstances, il arrive que cette tendance soit considé-
rée comme non pertinente ou tout simplement dérangeante.
Si on comprend que ces enfants en ont besoin pour être plus
efficaces, on pourra alors regarder ce type de comportement
comme un outil positif, et non comme un comportement
perturbant.

La visualisation

Il est possible que les individus affectés par le syndrome
traitent plus facilement l'information avec le cerveau posté-

rieur – l'aire des représentations spatiales, des images – qu'avec le cerveau antérieur – l'aire du traitement linguistique (Mulligan, 1996; Sunshine *et al.*, 1997). La visualisation sera alors leur mode privilégié d'organisation de la pensée. Ces enfants sont probablement ceux qui font des rêves éveillés en classe, ou ceux qui ne semblent pas très actifs extérieurement ou encore ceux qui ne parlent pas beaucoup. Ils ont probablement tendance à se retirer en eux-mêmes. Ces comportements peuvent nous amener à les évaluer TDA sans hyperactivité: *distraits, oubliant facilement, désorganisés.*

La culture verbale de nos écoles est si forte qu'on ne retrouve aucune étude sur les facultés de visualisation des «TDA/H». Nous avons besoin d'explorer la façon de penser de ces enfants, de chercher à découvrir la nature de leurs rêves éveillés, de leurs fantaisies et de leur imagination alors qu'ils sont assis là tout en étant ailleurs. Il serait particulièrement intéressant de comprendre comment ces élaborations mentales sont connectées au programme scolaire. Les experts en ce domaine (Moss, 1990) ont remarqué que ces enfants ont souvent un esprit associatif qui peut être déclenché par une activité signifiante. Elle les entraîne alors vers des associations qui, elles, sont considérées comme non pertinentes. Je crois que l'on devrait étudier les modèles de ces pensées, particulièrement celles qui sont basées sur des images, pour découvrir comment elles pourraient être mises au service d'un parcours d'apprentissage.

Certains chercheurs en éducation ont exploré l'utilisation de la visualisation, de l'imagerie guidée, de l'imagination et d'autres outils similaires pour aider les enfants à apprendre plus efficacement le contenu des programmes (Allender, 1991; Murdock, 1989). Les éducateurs devraient faire la même chose afin d'exploiter de façon optimale les grandes habiletés en matière de visualisation et d'imagination des «TDA/H». Ainsi, un enseignant pourrait entraîner cet élève dans un voyage imaginaire à travers le système circulatoire pour lui transmettre la maîtrise de certains concepts anatomiques. On peut aussi montrer à un enfant comment visualiser les étapes afin de résoudre un problème de mathématiques, inventer une histoire, épeler un mot, illustrer une scène de l'histoire, ou une stratégie pour composer avec la colère, ou une méthode pour qu'il se perçoive comme un apprenant qui réussit.

Ces approches paraissent efficaces avec certains enfants qui ont des difficultés d'attention et de comportement (Murdock, 1989 ; Schneidler, 1973). Nous l'avons vu, le discours spontané à soi-même peut s'avérer une habileté naturelle profitable pour la réflexion et l'accomplissement des tâches. Nous pourrions peut-être trouver quelque chose de similaire du côté de la production spontanée d'images. Si tel est le cas, il serait judicieux de favoriser l'intervention de l'imagination active des élèves dans leur travail.

Les techniques de concentration

Depuis des milliers d'années, les diverses cultures de toutes les régions du globe ont développé des techniques d'entraînement : le tai-chi, le yoga, la méditation, l'introspection, la recherche de visions, les rites de passage, la réflexion, la rêverie et de multiples autres pistes (Dang, 1994 ; Goleman, 1996 ; Iyengar, 1995). Il est frappant de constater l'absence de toute référence à ces méthodes dans un domaine d'investigations sur le déficit d'attention. Ce sont toujours les autres livres et articles pédagogiques qui en mentionnent les potentialités afin d'aider les enfants à développer leur aptitude à se concentrer sur un stimulus. Lors d'une étude adaptée d'une approche de Herbert Benson de l'université Harvard (Benson & Klipper, 1990), des enfants diagnostiqués TDA/H à qui on demandait à chaque jour de se concentrer pendant quelques secondes sur un son démontraient moins de « distractibilité », d'impulsivité, et une plus grande capacité à être attentifs (Kratter & Hogan, 1982).

Ailleurs, on les entraîne à se focaliser sur des images. Oaklander (1978) appliquait, entre autres, la « médiation aléatoire » sur un enfant qui ne pouvait maintenir son attention plus d'une seconde ou deux sur un objet simple

(p. 226-227). Elle lui demandait à chaque fois de se reporter « immédiatement » dessus au moment où il se dissipait et l'interrogeait de nouveau : « Qu'est-ce que tu vois maintenant ? » Elle poursuivit cet exercice jusqu'à ce que sa capacité de « porter attention » à cet objet s'améliore graduellement.

Le biofeedback

Une nouvelle technique servant à entraîner la capacité d'attention a vu le jour. Elle fait appel à la technologie : c'est le biofeedback. Cette technique tente d'aider les personnes identifiées TDA/H à réguler elles-mêmes l'activité électrique de leur cerveau. En effet, le cerveau humain génère de très petits signaux électriques qui peuvent être mesurés par un électroencéphalogramme (EEG). Ces signaux varient en amplitude selon l'état d'esprit de celui qu'on a branché sur l'appareil.

Le résultat prend la forme de divers types d'ondes cérébrales se présentant comme suit :

◆ Pour un adulte calme à l'état de repos, la plus grande partie de l'électroencéphalogramme consistera en une série d'*ondes alpha* se propageant dans la partie arrière du cerveau à la fréquence de 10 hertz (un hertz est une unité internationale de fréquence égale à 1 cycle par seconde).

◆ Un état d'alerte plus concentré produit un rythme plus rapide dans les parties centrale et frontale du cerveau (18 à 25 hertz) et donne lieu aux *ondes bêta*.

◆ Des ondes à rythme lent, les *ondes thêta*, apparaissent à des fréquences variant de 4 à 7 hertz et sont considérées comme normales durant la petite enfance. Elles ont tendance à décroître pendant les années d'école primaire. Les ondes *thêta* sont généralement associées aux rêves éveillés, à la créativité, à l'imagerie hypnotique et à une cible de la concentration élargie.

Quelques études suggèrent que certains enfants ayant des difficultés d'attention et de comportement produisent plus d'ondes de type *thêta* (cible de concentration élargie) et moins d'ondes de type *bêta* (cible de concentration rétrécie) que les groupes témoins (Lubar & Lubar, 1984). Ces résultats corroborent certaines de nos observations relatives à l'imagination, à la créativité et à l'«attention dispersée» de la plupart des enfants étiquetés TDA/H.

L'entraînement à la technique du biofeedback consiste en plusieurs sessions durant lesquelles un enfant branché à un appareil EEG est invité à contrôler des stimuli sur un écran d'ordinateur de manière à ce qu'ils répondent d'une certaine façon (par exemple, maintenir un bateau en surface, une petite balle jaune entre deux carrés verts). On lui demande de faire du mieux qu'il peut pour contenir ces objets en utilisant seulement sa pensée. Bien que ce domaine de recherche soit controversé (les résultats de l'utilisation professionnelle du biofeedback varient considérablement et des spécialistes s'accordent à dire que cette technique s'avère non fondée dans le cas des enfants TDA), des types particuliers de pratiques basées sur le biofeedback peuvent s'avérer utiles pour soutenir certains enfants étiquetés TDA/H (Lee, 1991).

DES STRATÉGIES PHYSIQUES

Les signes les plus visibles du TDA/H (spécialement le TDAH) comportent des manifestations physiques : se trémousser, se tortiller et courir dans la pièce quand on voudrait qu'ils restent tranquillement assis. Pourquoi ne pas se concentrer sur le comportement physique de ces élèves en cherchant à construire des stratégies les aidant à mieux réussir en classe ? En général, le paradigme traditionnel examine cette situation comme un trouble physique. L'emphase du «traitement» est placée sur la recherche de moyens pour contenir l'«excès» de mouvements chez ces enfants afin qu'ils puissent s'asseoir en étant assez calmes pour se concentrer sur le matériel d'exercices proposé.

L'une des phrases le plus souvent citée dans les écrits relatifs au traitement de ces enfants fait référence au besoin de pousser ces élèves à : «ARRÊTER, REGARDER et ÉCOU-

TER!» Cependant, pour fonctionner, une telle approche requiert habituellement un contrôle externe à la personne, par exemple la médication ou la modification de comportement. De plus, elle est basée sur le modèle traditionnel d'éducation qui croit que les conditions d'apprentissage sont optimales lorsque les élèves sont paisiblement assis à leurs pupitres, au lieu d'apprendre dans une démarche plus dynamique.

Une approche holistique accepte l'enfant *comme il est.* Elle cherche à saisir la valeur potentielle de son haut niveau d'énergie physique ainsi que des façons de faire pour exploiter cette caractéristique dans la classe. Comme nous l'avons vu précédemment, beaucoup de ceux catégorisés TDA/H peuvent être des apprenants très évolués sur le plan corporel-kinesthésique (des enfants qui apprennent mieux en bougeant, en touchant, en construisant, en jouant des rôles, et en expérimentant avec le matériel du programme de façon plus physique). Ainsi, les alternatives éducatives basées sur le jeu de rôle, la manipulation et les autres types d'apprentissage dynamique peuvent constituer des moyens plus appropriés et plus efficaces d'aider les «TDA/H» dans la classe. Ce serait probablement mieux pour les pédagogues de développer des méthodes innovatrices afin d'appuyer ces élèves sur le mode du «ALLER, REGARDER et ÉCOUTER!» Dans cette section, je propose de multiples stratégies basées sur une vision positive: permettre des mouvements appropriés, proposer des activités de manipulation et utiliser un programme d'éducation physique intégré.

Permettre des mouvements appropriés

Un jour, suite à une conférence sur le TDA/H que je venais de présenter, une enseignante vint me voir et me dit: «Vous savez, j'ai toujours donné deux pupitres à ce genre d'enfant: le premier est placé sur un côté de la classe et l'autre est placé du côté opposé. De cette façon, s'il quitte son pupitre, il est toujours en route vers son autre pupitre!» Que vous soyez d'accord ou non avec cette stratégie particulière, ce qui la rend intéressante, c'est que cette enseignante a tenté de prendre un comportement qui habituellement dérange (se lever fréquemment de son pupitre) et de le transformer en un comportement approprié acceptable (se rendre à son « autre pupitre »).

Cette philosophie générale a guidé l'approche de plusieurs enseignants pour amener ces élèves « très actifs » à connaître la réussite scolaire. Une autre m'a parlé d'un de ses étudiants qui bougeait constamment, quittait son pupitre et avait beaucoup de difficultés en lecture. Un jour, elle a oublié d'arroser les plantes et elle a demandé à ce jeune de le faire. Tandis qu'il s'exécutait, elle présenta la leçon orale du jour aux autres élèves. Plus tard, lorsqu'elle interrogea la classe sur cette leçon, celui-ci obtint 100 % pour la première fois. Elle réalisa qu'il lui était nécessaire de bouger pendant qu'il apprenait et elle commença alors à planifier d'autres tâches et activités qu'il pourrait accomplir pendant qu'elle présenterait ses cours.

Habituellement, on recommande aux enseignants d'asseoir un enfant TDA/H devant la classe, près de lui ou elle, afin de toujours garder un œil sur lui (CH.A.D.D., 1994). Le problème avec cette stratégie, c'est que l'élève peut se contorsionner, se tourner et même tomber de sa chaise, au grand plaisir du reste du groupe. Pour en avoir longuement discuté, je sais que le succès est meilleur lorsqu'on les laisse se placer au fond de la salle. Ainsi, s'ils ont besoin de se lever pour s'étirer ou pour bouger, ils sont à l'abri du regard des autres, et ils ne dérangent personne. Il y a même eu l'exemple de parents sollocités pour s'occuper d'un espace *derrière* la classe où un hyperactif pouvait travailler assis ou debout (Markowitz, 1986). Ils posèrent un pédalier de machine à coudre sous son pupitre afin qu'il garde ses pieds en mouvement et ils en ont garni l'intérieur avec du feutre pour qu'il puisse y obtenir des stimulations tactiles.

D'autres enseignants ont innové en installant une « chaise berçante pour la lecture », un minitrampoline, et un « bain mathématiques » (un bain dans lequel les élèves pouvaient s'installer, mais uniquement pour leur travail en mathématiques). Certains donnèrent même aux enfants des balles à manipuler pour qu'ils gardent leurs mains occupées tandis qu'ils écoutent ou qu'ils lisent.

Ces suggestions visent toutes à tenter de canaliser l'activité physique d'enfants TDA/H lorsque l'environnement ne se prête pas à la turbulence. La limite de ces stratégies réside dans le fait qu'elles ne sont pas directement reliées au programme. D'autres tactiques s'avèrent beaucoup plus efficaces et permettent, en classe, des mouvements directement reliés au processus enseignement/apprentissage. Elle impliquent tout le monde, pas seulement les enfants étiquetés TDA/H. En voici quelques exemples:

◆ Apprendre à épeler des mots en se levant de leur siège quand il s'agit d'une voyelle et en s'asseyant au moment des consonnes.

◆ Apprendre les tables de multiplication en formant une ligne *conga* (danse cubaine) se déplaçant autour de la classe en comptant fort de 1 à 30 et en secouant les hanches et les jambes à chaque multiple de 3.

◆ Acquérir des connaissances historiques en jouant, par exemple, «une journée typique dans la maison d'un colon catholique francophone du Bas-Saint-Laurent en 1810».

◆ En chimie, démontrer le modèle d'une molécule par une danse, le «swing des atomes».

◆ Démontrer sa compréhension de l'évolution d'une figure de roman en mimant l'ascension et la chute du personnage choisi ou attribué.

◆ Comprendre l'impact du terrain géographique sur les expériences de Bernard Voyer en amenant la classe à simuler une «expédition» dans la classe.

Ceux présentant des désordres comportementaux peuvent bénéficier de *tout* projet spécial exigeant que les élèves fonctionnent en groupes coopératifs, fassent des entrevues entre eux, mènent des expériences en laboratoire, construisent des structures, jouent à des jeux d'apprentissage ou se déplacent dans d'autres activités reliées au programme. De tels projets fournissent la probabilité d'importants résultats

potentiels, particulièrement pour les « TDA/H » (Griss, 1998 ;
Hannaford, 1995 ; Patterson, 1997).

Leur apprendre à se détendre

Pour aider ces enfants à s'en sortir, montrez-leur comment ils
peuvent moduler leurs tensions physiques grâce à des techniques spécifiques de relaxation comme le yoga, la relaxation
progressive, la relaxation isométrique, les respirations et la
visualisation. Ces approches leur fournissent une bonne
gamme d'activités corporelles dans une organisation scolaire
où ils ne peuvent pas toujours se mouvoir comme ils le dési-
reraient ou comme ils en ont besoin (Stewart, 1993 ;
Williams, 1996). En voici quelques exemples :

◆ L'une des techniques les plus simples est d'enseigner à
l'élève à tendre et à relâcher alternativement différents
muscles de son corps pour en évacuer la tension qu'il
pourrait être tenté d'exprimer autrement (c'est ce qu'on
appelle la « relaxation progressive »). Vous pouvez aussi
leur apprendre une procédure de relaxation progressive
d'une minute qu'ils peuvent faire tranquillement assis à
leur bureau sans que personne ne s'en rende compte.

◆ De la même façon, vous pouvez leur montrer comment
prendre une respiration profonde, la tenir brièvement et
la relâcher. Ils peuvent répéter l'exercice à quelques
reprises selon le besoin. Ceci les aidera à se libérer de leur
excitation physique et également à concentrer leur attention lorsqu'ils ont envie de bouger : ce qui comporte
l'avantage d'augmenter l'apport d'oxygène pur au cerveau, l'une de ses deux principales sources énergétiques.
Cela favorise l'état d'alerte intellectuelle.

◆ Utilisez des stratégies de visualisation faisant appel à
l'imagerie kinesthésique, comme montrer à « se déplacer
physiquement dans sa tête » (par exemple : « faire quarante pompes imaginaires ») au lieu de se déplacer dans
la classe. Cela peut aider les élèves à transformer leur
énergie physique en énergie mentale, laquelle peut
s'exprimer de façon interieure sans perturber quiconque.

Les chercheurs font état de réponses favorables à l'utilisation de ces techniques de la part d'enfants décrits comme « hyperactifs », « TDAH », ou ayant des «problèmes de comportement» (Dunn, & Howell, 1986 ; Omizo, 1981 ; Richter, 1984).

Offrir des opportunités d'apprentissage par manipulations

Il y a plusieurs années, les enfants qui avaient besoin d'apprendre par implication physique étaient décrits comme des apprenants « haptiques », du grec *haptos,* signifiant « prendre en mains » (Lowenfeld, 1987). Ils assimilaient mieux en étant responsables de quelque chose dans l'environnement d'apprentissage.

De nos jours, nombre d'enfants « haptiques » pourraient se voir affubler de l'étiquette TDA/H (Locher, 1995). Si l'on ne retrouve aucun matériel à manipuler signifiant dans le contexte scolaire, ils s'accrocheront à ce qui est à leur portée (la coiffure de leur voisine, un jouet qu'ils ont apporté de la maison, le crayon de quelqu'un), et bon nombre d'éducateurs regarderont ce type de comportements comme des *signes annonciateurs* de TDAH. Une solution potentielle serait de créer de riches occasions d'apprendre par manipulations de façon à ce qu'ils puissent « prendre en mains » ce qui leur permet de connaître le succès en classe. Voici quelques suggestions :

◆ Usez de manipulations pour enseigner des concepts mathématiques (les cubes casse-têtes) (Davidson, 1996).

◆ Créez des champs de bataille (avec des soldats miniatures, des jeux de table, ou autres) pour illustrer les conflits historiques.

◆ Utilisez des outils de laboratoire pour transmettre les concepts en sciences.

◆ Construisez des dioramas représentant des scènes d'événements particuliers d'une histoire ou d'un roman.

◆ Dessinez des plans d'immeubles pour transmettre des notions d'architecture.

- Fabriquez des cartes en trois dimensions qui illustrent des faits géographiques de la région.

- Modelez des lettres en argile pour apprendre les formes des lettres de l'alphabet.

- Inventez des machines spéciales pour illustrer les causes et les effets.

Tout en encourageant les élèves à écrire ou à dessiner leurs idées en cours, le personnel enseignant peut aussi offrir des opportunités de créer, par manipulation, des modèles qui représentent leur pensée actuelle sur certains sujets du programme. Par exemple, s'ils étudient actuellement le concept de *dette nationale* en économie, les enseignants peuvent leur distribuer de l'argile et leur demander de créer une représentation en trois dimensions d'une solution possible à ce problème.

Vous pouvez utiliser bien d'autres sortes de matériaux manipulables comme des cure-pipes, des câbles, des cubes, des collages, ou même de simples morceaux de papier blanc qui peuvent être déchirés, froissés ou assemblés afin d'illustrer la « sculpture kinesthésique » d'un concept. Ainsi, les élèves peuvent fabriquer les figures de papier des mots du vocabulaire suivants : *bulbeux*, *fragmentaire*, ou *allongé*. Quand on permet aux enfants étiquetés TDA/H d'utiliser leurs mains pour exprimer ce qu'ils ont en tête, ils produisent souvent des résultats très créatifs et inattendus ou ils démontrent des traits positifs cachés sous l'apparence d'un comportement négatif.

Favoriser un programme d'éducation physique intégré à l'école

Il n'y a pas si longtemps, l'association des pédiatres américains a publié une déclaration officielle relative à l'usage du Ritalin dans laquelle ils suggéraient aux éducateurs d'utiliser certaines stratégies alternatives *avant* que les médecins prescrivent des psychostimulants. Parmi celles-ci, on retrouve un « solide programme d'éducation physique » (American Academy of Pediatrics, 1987).

Tout bon enseignant sait que faire le tour de l'école deux ou trois fois en courant constitue une prescription judicieuse et naturelle pour un groupe ou un élève qui a besoin de se détendre. Les cours d'éducation physique offrant des occasions régulières de relaxation, ou d'autres formes de culture physique, constituent la meilleure approche afin d'aider à composer avec une énergie débordante. Malheureusement, très peu d'écoles et de systèmes scolaires en Amérique du Nord font la promotion de programmes d'éducation physique intenses. La plupart de ceux déjà en place se limitent à des jeux compétitifs ou à un peu de gymnastique (Portner, 1993).

En accord avec les plus récentes études (Seefeldt & Vogel, 1990 ; Virgilio & Berenson, 1988), un solide programme d'éducation physique pourrait comprendre une approche globale de la culture physique composée :

◆ de sports individuels et de compétition ;
◆ de programmes de conditionnement physique ;
◆ d'arts martiaux ;
◆ de yoga ;
◆ de mouvements de danse créative.

Quelques publications sur le sujet suggèrent que de tels programmes pourraient soutenir efficacement les enfants « TDA/H » (Alexander, 1990 ; Coat, 1982 ; Putnam & Copans, 1998). Le neuroscientifique Jaak Panksepp écrit :

Il est évident que le cerveau humain en développement et la psyché n'ont pas été conçus pour demeurer calmement assis dans une classe pendant des heures (...) Le cerveau a plutôt été conçu pour gambader avec les autres, spécialement à l'extérieur (1996, p. 3).

L'auteur estime que, dans notre culture, la disparition des « jeux de lutte et de bousculades » peut être mise en corrélation directe avec l'incidence croissante des problèmes d'attention et de comportement dans nos écoles. Un entraînement

physique complet peut aider à fournir une partie de l'importante stimulation physique dont les jeunes catégorisés TDA/H
ont besoin quotidiennement.

DES STRATÉGIES AFFECTIVES

Bien que quelques auteurs travaillant sur la base traditionnelle du paradigme aient écrit sur l'univers émotionnel
intime des enfants étiquetés TDA/H (Brooks, 1992, 1994 ;
Heilveil & Clark, 1990), l'ensemble des écrits manque triste-
ment de données prenant en compte leurs émotions person-
nelles. Voici quelques questions pour lesquelles des
réponses s'avéreraient nécessaires :

◆ Quelles sont les sensations intérieures de ces enfants ?

◆ Que souhaitent-ils ?

◆ De quoi désespèrent-ils ?

◆ Qui et quoi méprisent-ils ?

◆ Qu'est-ce qui les passionne et les comble de joie ?

◆ Comment se sentent-ils envers eux-mêmes ?

◆ Comment se sentent-ils par rapport à l'école, par rapport
à leurs amis, par rapport à leurs parents et à leurs
enseignants ?

Les spécialistes se sont toujours attardés sur le comportement extérieur, les processus de pensée interne et la causalité
biologique. Or, toute tentative pour comprendre les besoins
de ces jeunes requiert que nous nous préoccupions aussi de
leur vie émotionnelle intérieure. Il faut que nous comptions
avec cette dimension pour les soutenir dans leur recherche
du succès à l'école et dans l'existence.

Au chapitre 2, maintes enquêtes nous ont démontré que
pour la plupart, ces signes d'hyperactivité, d'impulsivité ou
de distraction peuvent être les indices d'un déséquilibre
émotionnel sévère. D'autres témoignent par leur créativité
d'une intense vie intérieure perçue par les autorités comme
« dérangeante » ou plus simplement « TDAH ». Et ce, parce
qu'ils se conduisent de façon non conventionnelle (Cramond,
1994 ; Reid & McGuire, 1995).

Certains de ces enfants ressentent de profondes sensations de dévalorisation à la suite d'expériences négatives à l'école, avec les pairs ou les parents. Les éducateurs auront parfois à les référer à des professionnels de la santé mentale. Mais dans bien des cas, le rôle de l'enseignant sera de tenir compte de cette part affective à l'école. Il pourra alors se servir de ces émotions comme stimulation au lieu de les voir comme des perturbations potentielles pour sa classe. Afin de parvenir à ces objectifs, nous examinerons des stratégies diverses comme favoriser l'expression artistique, construire une image positive, et utiliser des modèles positifs.

L'expression artistique

On peut considérer les caractéristiques du TDA/H (l'hyperactivité, la « distractibilité » et l'impulsivité) comme de l'« énergie mal dirigée ». Les arts d'expression fournissent l'opportunité de réorienter cette énergie dans une direction positive. Les chercheurs ont remarqué que beaucoup d'enfants aux prises avec ces difficultés affichent moins de comportements dérangeants quand ils sont engagés dans des activités artistiques telles que la peinture, le théâtre, la danse et les jeux, que lorsqu'ils sont confinés à des tâches scolaires plus traditionnelles (Berlin, 1989 ; O'Neil, 1994 ; Smitheman-Brown & Church, 1996). Ces arts d'expression fournissent des canaux « déjà structurés » dans lesquels l'énergie débordante des enfants peut être réorientée.

J'ai moi-même observé ce phénomène alors que je codirigeais un atelier d'arts dans un programme d'été d'éducation spécialisée. Ceux qui s'étaient montrés distraits et agités dans les autres cours se calmaient immédiatement en arrivant dans notre atelier pour entamer la fabrication de masques, la menuiserie, ou la construction de modèles en tous genres. Voici quelques idées pour introduire l'expression artistique auprès de ces enfants :

◆ Implantez un *solide programme d'arts* dans votre école dans lequel on retrouvera des cours de danse, de musique, de peinture, de théâtre, d'écriture libre, de sculpture et de toutes autres formes de création. Inscrivez-y les élèves considérés TDA/H, en respectant leurs intérêts particuliers.

◆ Prévoyez, dans votre classe, un espace où on retrouve des marionnettes, de la peinture, des costumes pour le théâtre et du matériel de construction pour les *activités créatives*. Dans ma classe pour élèves ayant des troubles comportementaux, j'avais l'habitude de prévoir un espace de « fabrication du monde » où ils pouvaient créer des villes miniatures et des cités en argile, utiliser des figurines, des véhicules jouets, des arbres de plastique et toutes sortes de petits objets.

◆ Explorez les *possibilités à l'extérieur de l'école* où un enfant identifié TDA/H aura l'opportunité de suivre des cours de musique, de danse ou de peinture. Engagez-vous dans une organisation de théâtre pour enfants ou dans d'autres types de projets créatifs de la communauté.

◆ Intégrez les arts dans *tous les recoins du programme* (faire jouer des événements de l'histoire, dessiner des images illustrant des problèmes de mathématiques, inventer une chanson sur des personnages littéraires, etc.) (Margulies, 1991 ; Spolin, 1986 ; Wallace, 1992).

Lorsque les éducateurs commencent à considérer les symptômes du TDA/H comme un potentiel créateur non utilisé, ils ont moins tendance à « pathologiser » ceux ainsi catégorisés et ils perçoivent plus de possibilités de les aider à se réaliser.

Maintenir une image positive

Dans cet ouvrage, je veux mettre l'emphase sur les problèmes liés à l'utilisation d'étiquettes négatives pour décrire les enfants ayant des difficultés d'attention et de comportement. Ce procédé d'étiquetage négatif ajoute l'insulte à l'injure : il formalise et institutionnalise les expériences négatives de l'élève. Si l'enfant éprouve des difficultés à l'école, il n'a certainement pas besoin, en plus, de se voir accoler une définition comportant deux caractères négatifs (*problème* de *déficit* d'attention). Il aurait plutôt besoin d'adultes *qui voient ce qu'il y a de mieux en lui.*

En conséquence, l'une des plus importantes stratégies proposées dans ce livre s'adresse aux spécialistes en éducation. Il s'agit de mobiliser tous les efforts afin de maintenir une image *positive* de ces enfants. Récemment, plusieurs volumes ont cherché à recadrer dans un contexte positif notre perception des élèves aux prises avec des problèmes d'attention et de comportement:

◆ *The Spirited Child* (Kurcinka, 1992).

◆ *The Active, Alert Child* (Budd, 1993).

◆ *The « Hunter in a Farmer's World »* (Hartmann, 1997).

◆ *The «Right Brained Child in a Left Brained World»* (Freed & Parsons, 1998).

◆ *The Child with « the Edison Trait »* (Palladino, 1997).

Voici quelques suggestions pour préserver cette image positive:

◆ Évitez d'utiliser l'étiquette TDA/H autant que possible. Si vous le devez pour des raisons administratives ou lors d'une communication avec quelqu'un d'autre, je vous recommande d'établir la distinction suivante: «un enfant qui a été étiqueté TDA» ou «un élève ayant été identifié TDAH», plutôt que de dire «un enfant TDA» ou «un enfant TDAH».

Ainsi, vous reconnaissez le statut TDA/H de l'enfant, mais en soulignant le fait social actuel par lequel il a été diagnostiqué plutôt qu'en termes d'enfant qui *est*, ou d'enfant qui *a* (suppositions qui sont ici sérieusement remises en question). Cela peut sembler relever du «politiquement correct» et sans véritable incidence. Il existe cependant un grand courant empirique démontrant que ce que nous disons aux autres personnes à propos d'un élève peut grandement affecter sa performance (Rosenthal, 1978; Rosenthal & Jacobson, 1968).

◆ Enseignez à vos élèves identifiés TDA/H des modèles d'apprentissage qui les aideront à mieux se comprendre eux-mêmes. Au lieu d'insister sur les écrits qui leur démontreraient le mécanisme de leur syndrome (Calvin, 1988 ; Gehret, 1991 ; Levine, 1992), je suggère plutôt que les enseignants les poussent à prendre conscience de leurs *intelligences multiples* (Armstrong, 1994 ; Lazear, 1993), leurs *styles d'apprentissage*, leurs *tempéraments* ou tout autre modèle de *compréhension de soi*. Si des élèves se voient affublés de l'étiquette TDA/H, ils méritent une explication franche et ouverte de ce que cela signifie. Cela devrait se faire dans le contexte d'une discussion ouverte à propos de *qui il est réellement* et de *ce qu'il est capable de devenir*.

◆ Dressez une liste détaillée de tous les traits et comportements positifs, des talents, des intérêts, des intelligences, des aptitudes, des compétences et des habiletés de chacun de vos élèves définis TDA/H. Chaque fois que vous vous sentez débordé par le comportement négatif de l'un d'eux, sortez cette liste et étudiez-la. Visualisez-le en un apprenant positif.

◆ Utilisez un large éventail de descriptions et de termes positifs quand vous parlez d'un étudiant diagnostiqué TDA/H à d'autres personnes, comme *plein d'entrain*, *passionné*, *créatif*, *vivant*, *exubérant* et *imaginatif*. Vous ne devrez pas les utiliser à la légère ou pour expliquer un mauvais comportement. Leur raison d'être se résume à développer des façons de penser plus positives relativement à ces enfants.

◆ Assurez-vous que les élèves identifiés TDA/H savent que vous les considérez comme des apprenants positifs. Contrevenez à leur mauvaise description d'eux-mêmes en utilisant certains de ces concepts positifs. Aidez-les à construire et à maintenir une image positive d'eux-mêmes ; qu'ils se voient comme des individus hautement compétents.

Présenter des modèles positifs

Je crois qu'on devrait souvent rappeler aux élèves étiquetés TDA/H des personnages célèbres de l'histoire qui étaient eux-mêmes affectés de difficultés semblables dans leur vie personnelle. De tels exemples ne sont pas difficiles à trouver. Goertzel et Goertzel (1962) ont étudié la vie de quatre cents éminents personnages historiques et ils ont découvert que trois cents d'entre eux haïssaient l'école! Par exemple:

◆ Winston Churchill fut mis à la porte de chaque école qu'il a fréquentée pendant son enfance.

◆ Le pape Jean XXIII fut souvent renvoyé à la maison avec des notes expliquant qu'il arrivait constamment en classe non préparé. Bien souvent, il ne transmettait même pas le message à ses parents!

◆ Beethoven était rude avec ses amis. Il était aussi très désorganisé dans sa vie personnelle et familiale.

◆ Louis Armstrong a passé une bonne partie de sa jeunesse dans une institution pour délinquants.

◆ Sarah Bernhardt fut trois fois expulsée de l'école.

Je crois que les éducateurs devraient préparer de mini-unités sur ces «héros hyperactifs» et présenter ce matériel à tous les élèves, mais plus particulièrement aux enfants aux prises avec des difficultés d'attention et de comportement. Je ne pense pas qu'il soit approprié de le faire en disant: «Ces personnes célèbres souffraient de TDA/H comme vous.» Je crois plutôt qu'il faudrait dire: «Vous pouvez réussir votre vie tout comme ces personnes célèbres, vous avez la même énergie passionnée (si vous apprenez à la diriger) que ces personnages qui ont accompli de grandes choses.» Voici quelques façons de présenter cette information:

◆ Utilisez des photos, des biographies, des films et des jeux de rôle pour rendre vivantes les présentations de ces modèles positifs.

◆ Pensez à inviter, dans la classe, des individus de la communauté qui ont eu à composer avec des difficultés comportementales à l'école et qui ont bien réussi dans le domaine qu'ils ont choisi.

◆ Explorez des carrières requérant des personnes ayant une grande énergie, qui aiment bouger, changer d'activité fréquemment et « autoréguler » leur propre travail (par exemple : les travailleurs autonomes, les écrivains, les thérapeutes par la musique et la danse, les artisans, les entraîneurs de conditionnement physique, les consultants en relations publiques, les travailleurs du domaine récréatif, les entrepreneurs en construction).

L'objectif ultime est d'aider ces élèves catégorisés TDA/H à connaître et à rencontrer des modèles illustrant le côté positif de l'hyperactivité et d'arriver à ce qu'ils se disent : « S'ils ont pu y parvenir, je le peux aussi ! »

DES STRATÉGIES INTERPERSONNELLES

Ce qui se publie autour du paradigme TDA/H pointe, avec une régularité certaine, les difficultés sociales que bon nombre d'enfants ainsi catalogués rencontrent dans leurs relations avec leurs pairs, leurs enseignants et leurs parents (Barkley, 1990). En réponse à cela, des experts ont développé des programmes d'habiletés sociales pour aider ces enfants à apprendre à se faire des amis, à reconnaître les signaux sociaux et à composer avec la colère dans leurs relations (Guevremont, 1990 ; Kolko, Loar & Sturnick, 1990).

Ces programmes prennent en compte les éléments les plus susceptibles d'apporter un soutien en regard du paradigme TDA/H. Mais comme ils émergent d'un *paradigme de déficit*, ils ont tendance à négliger le contexte élargi dans lequel il faudrait regarder le comportement social de ces enfants. En voici quelques éléments :

◆ Ce ne sont pas tous les enfants identifiés TDA/H qui ont des problèmes sociaux. Certains sont même des leaders très populaires auprès de leurs amis, ou d'un naturel très sociable.

◆ Certains enfants qui ont des difficultés de socialisation à l'école peuvent démontrer de grandes habiletés sociales dans un contexte non scolaire : en participant à du théâtre communautaire ou autres activités volontaires, et même à des activités non socialement sanctionnées comme la vie en bande.

◆ Même chez des enfants qui affichent de réels problèmes d'ajustements sociaux à l'école et en dehors de l'école, les difficultés peuvent provenir davantage de leur force de caractère, de leur individualisme profond ou de leur nature passionnée que de déficiences sociales reliées au TDA/H.

Comme nous l'avons noté dans la section « Présenter des modèles positifs », il n'était pas toujours facile de côtoyer certains personnages hautement créatifs et éminents de l'histoire car ils fonctionnaient souvent à un autre rythme que le commun des mortels, et assez fréquemment en dehors des règles sociales de leur époque. De la même façon, il se peut que beaucoup d'enfants éprouvant des problèmes à caractère social aient des difficultés interpersonnelles parce qu'ils n'entrent tout simplement pas dans la norme sociale définissant ce qui est considéré comme un comportement acceptable dans certains contextes (par exemple : des groupes de pairs spécifiques, la culture scolaire).

Cela n'exclut pas leur besoin de s'ajuster (en fait, beaucoup d'enfants *aimeraient* s'adapter). Toutefois, ces observations suggèrent que nous regardions la situation interpersonnelle d'une façon différente de celle que nous proposent les experts du TDA/H. Je suggère, par exemple, de la considérer non pas comme un déficit dans le domaine du comportement social, mais plutôt comme une « faible concordance » ou une discordance entre une personne et un contexte social donné.

Des stratégies comme le tutorat par les pairs ou en groupe multiâges, les rencontres de classe, la programmation de conditions sociales positives peuvent aider bon nombre d'élèves diagnostiqués TDA/H à apprendre de nouveaux comportements sociaux, tout en découvrant de nouveaux milieux dans lesquels ils peuvent fonctionner positivement en demeurant un être humain unique.

Le tutorat par les pairs ou en groupe multiâges

Le tutorat par les pairs ou en groupe multiâges constitue une bonne façon de créer un nouveau contexte social positif. En jumelant un enfant identifié TDA/H à un autre élève plus jeune (tutorat multiâges) pour l'aider dans une activité particulière (lire ou faire des mathématiques), on tente d'amener celui qui a des difficultés d'attention ou de comportement à devenir le partenaire responsable de la relation.

En situation de tutorat par les pairs, l'enfant étiqueté TDA/H peut partager une habileté qu'il a avec un élève du même âge ne maîtrisant pas les outils. Dans une expérience utilisant ce modèle, un groupe d'élèves ayant des problèmes de comportement ont enseigné avec succès à un groupe d'étiquetés « doués » comment utiliser certains symboles dans le langage des signes (Osguthorpe, 1985). Des programmes comme celui-ci transforment les étiquettes et permettent de redéfinir les contextes sociaux de telle façon que les élèves puissent mutuellement se regarder sous de nouveaux angles.

De tels programmes « entre copains », où un enfant plus âgé (avec ou sans l'étiquette TDA/H) prend un élève plus jeune sous son aile, peuvent donner à l'enfant l'occasion de jouer un rôle positif lui permettant d'apprendre des formes acceptables de comportements (DuPaul & Henningson, 1993 ; Fiore & Becker, 1994).

Les rencontres de classe

Explorez l'idée de réserver du temps afin de tenir des conseils de classe basés sur les idées éducatives de William Glasser (Glasser, 1975 ; Glasser & Dotson, 1998). Ces rencontres fournissent de bonnes occasions de créer des arrangements sociaux particuliers dans lesquels les élèves étiquetés TDA/H apprennent de nouveaux types de comportements sociaux et se sentent des individus d'un apport social positif.

Il est certain que les rencontres de classe et les autres types de regroupements coopératifs peuvent ne servir qu'à se plaindre des comportements de ces jeunes. En agissant ainsi, on ne fait qu'aggraver une situation relationnelle déjà problématique. Bien utilisées, cependant, ces réunions peuvent offrir aux élèves dits TDA/H des opportunités d'obtenir du *feed-back* encourageant sur la façon dont ils se conduisent avec les autres, de recevoir des marques de reconnaissance sociale pour des choses positives qu'ils ont faites en classe, de partager leur propres sensations, sentiments et idées sur les difficultés rencontrées et de se sentir un membre à part entière dans cette unité sociale qu'est leur classe.

Les moments sociaux positifs

En plus des rencontres de classe régulières, vous pouvez offrir d'autres occasions de créer les conditions dans lesquelles des interactions sociales positives se développeront en milieu scolaire. En voici quelques exemples :

◆ Permettre aux élèves étiquetés TDA/H de partager leurs intérêts particuliers avec leurs camarades ou leur permettre d'enseigner quelque chose qu'ils connaissent très bien.

◆ Trouver d'autres élèves avec lesquels vous pensez que cet enfant serait compatible, et les regrouper pour certaines activités scolaires.

◆ Rechercher d'autres arrangements sociaux dans lesquels ces enfants auraient la possibilité de connaître quelques succès : des fêtes de classe, des clubs en activités parascolaires, des sports dans le domaine d'intérêt ou d'expertise de ces élèves, des sorties dans la nature, etc.

◆ S'assurer d'établir un rapport positif avec ces élèves. Prenez un peu de temps en matinée pour leur parler de leur vie personnelle, de leurs préoccupations, de leurs besoins, de leurs souhaits pour la journée qui commence. À la fin des cours, renouez le contact pour en revoir les événements. Cherchez à savoir s'ils ont un rapport social positif fiable avec quelqu'un de l'école afin de vous en

servir comme déclencheur. Cela peut faciliter leur inté-
gration dans le contexte social souvent agité de la culture
scolaire.

DES STRATÉGIES ÉCOLOGIQUES

L'approche holistique préconisée dans ce livre peut être con-
sidérée comme de nature écologique car elle cherche à saisir
le problème dans son ensemble. Elle peut ainsi englober tous
les aspects de la vie de ces enfants au lieu de simplement
s'arrêter à leurs « manques » ou à leurs déficits. Les stratégies
présentées plus bas sous l'appellation « écologiques » sont
reliées à des aspects spécifiques de l'environnement immédiat : *l'espace, le temps, la nourriture, les sons* et *les couleurs.*

En comprenant les effets positifs et négatifs que ces facteurs environnementaux peuvent avoir sur la capacité
d'attention et sur les comportements de ceux aux prises avec
le TDA/H, les éducateurs peuvent commencer à agir sur le
milieu. Et ce, afin d'obtenir un support maximal en fonction
de la sensibilité écologique propre à chaque enfant.

L'espace

La plupart des éducateurs connaissent bien les recherches
dans lesquelles des rats ont été placés en situation de surpo-
pulation et ont réagi en affichant des comportements nettement plus agressifs (Weinstein, 1979). D'autres études ont
cherché à déterminer s'il y avait un lien entre le trop grand
nombre et le comportement hyperactif de certains enfants
(Thomas, Chess, Sillen & Menzez, 1974). De telles découvertes ne devraient certes pas être ignorées quand cette situation
se produit en classe, particulièrement lorsque des élèves
catégorisés TDA/H doivent apprendre dans des classes sur-
peuplées. Ce que Weinstein a observé en 1979 s'applique
encore : « Nulle part ailleurs (que dans les écoles) on ne
retrouve de si grands groupes de personnes aussi étroitement
entassées les unes sur les autres durant de si longues heures.
On attend d'eux, en plus, des performances de haut niveau

dans l'accomplissement de tâches d'apprentissage difficiles, mais aussi qu'ils interagissent harmonieusement » (p. 585).

Même dans les classes qui ne sont pas surchargées, les enseignants devraient considérer l'importance de l'espace en tant que variable écologique et en modifier l'aménagement afin de favoriser le travail des enfants étiquetés TDA/H. Anita Olds, une experte en ce domaine, décrit dans l'extrait qui suit certains de ces inconvénients spatiaux que l'on rencontre :

La stérilité et l'homogénéité des paramètres physiques des salles de classe peuvent stopper l'éveil et interférer avec la capacité de l'enfant à demeurer en état d'alerte et d'attention. La froideur, les revêtements brillants du plancher, les nombreuses chaises et pupitres au design identique et à la finition abrupte, les couleurs ternes des murs aux textures uniformes, les plafonds tous de même hauteur réduisant souvent les occupants à la dimension de nains, les lumières fluorescentes qui dispensent une même luminosité vacillante pendant toutes les activités, ces facteurs contribuent tous à faire des classes des lieux ennuyeux, soporifiques et défavorables à l'apprentissage (1979, p. 95).

Il y a quarante ans, les éducateurs plaçaient les enfants catégorisés TDA/H dans des pièces neutres. On estimait alors que tout supplément de stimulation les exciterait (Cruickshank, 1975). Nous l'avons vu précédemment, la recherche nous dit aujourd'hui que pour un bon nombre d'entre eux, il est pertinent de parler de sous-stimulation ; ils ont besoin d'un environnement très excitant pour s'apaiser (Zentall, 1993a et b ; Zentall & Zentall, 1976). Un environnement fade, comme ceux décrits par Olds, peut pousser ces élèves à se réfugier dans l'agitation, le rêve éveillé, la socialisation et l'exploration de l'environnement pour obtenir le niveau d'éveil maximal leur convenant.

Bien que je n'aie aucune recommandation supplémentaire relative à l'organisation de l'espace de la classe, voici quelques suggestions qui pourraient sans doute s'avérer utiles pour des élèves particuliers :

- Permettez aux élèves de configurer leur place de manière à ce qu'ils puissent exprimer leur individualité (par exemple : par un dessin ou une affiche). Ils disposent ainsi d'un endroit *bien à eux* où ils se sentent en sécurité et en intimité.

- Prévoyez, dans la classe, différents espaces correspondants aux différents moments de la vie scolaire et les types d'énergie qui en relèvent (un endroit privé pour la réflexion, un lieu ouvert pour les interactions sociales, un endroit pour construire des choses ou réaliser certains projets exigeant des manipulations). Songez à une superficie appropriée afin que ces configurations fonctionnent efficacement.

- Rendez la classe vivante en disposant des plantes et des animaux (des fleurs en pot, une cage à gerbille, un terrarium).

- Lorsque cela est possible, remplacez la lumière artificielle par de la lumière naturelle ou de la lumière incandescente.

- Personnalisez les divers espaces de la classe en y ajoutant des coussins, des fauteuils rembourrés, des meubles aux dimensions mieux adaptées aux enfants, des mobiles, des murales, des voûtes et des séparateurs.

Dans une classe où l'aménagement de l'espace est invitant, stimulant, diversifié et personnalisé, les élèves identifiés TDA/H ressentiront probablement moins le besoin de se créer un univers singulier en adoptant des comportements hyperactifs, impulsifs ou distraits.

Le temps

Un nouveau et appréciable champ de connaissance appelé *chronopsychologie* nous a permis de prendre conscience de la façon dont la variable écologique temps peut influencer l'apprentissage et le comportement. L'influx temporel le plus important auquel sont soumis les êtres humains est le *rythme circadien*, lequel est en conjoncture avec les cycles solaire et lunaire, respectivement de 24 et de 25 heures. Certains chercheurs nous apprennent que l'état d'alerte intellectuelle a tendance, pour la plupart des gens, à s'élever au cours de la matinée pour atteindre son apogée vers midi. Il décline ensuite régulièrement tout au long de l'après-midi (Dolnick, 1992 ; Zagar & Bowers, 1983). La mémoire déclarative semble être optimale vers neuf heures du matin, alors que la mémoire épisodique semble fonctionner le mieux vers trois heures de l'après-midi. Les études observant les enfants aux prises avec le TDA/H constatent que les performances en accomplissement de diverses tâches étaient supérieures avant midi. L'état d'agitation, en revanche, atteignait son apogée pendant l'après-midi (Porrino *et al.*, 1983). Voici quelques implications relatives à ces découvertes :

◆ Placez les activités requérant la mémoire déclarative (les questionnaires, les exercices, les présentations orales, les travaux basés sur des réponses rapides, etc.) le matin.

◆ Planifiez les activités ouvertes (la lecture pour le plaisir, les arts, la musique, etc.) et celles impliquant le mouvement (les projets avec manipulations, l'éducation physique, les différents jeux, etc.) en après-midi.

Comme Sylwester et Cho l'écrivent :

Il est avisé de programmer les travaux requérant de la vigilance et des réponses précises en matinée, alors qu'il est plus facile de maintenir le niveau d'attention. Il est également logique de placer les activités intéressantes demandant moins de précision et d'attention soutenue en après-midi, alors que l'intérêt inhérent des élèves pour ces activités contribuera à élever leur capacité de concentration (1992-1993, p. 74).

Toutefois, il est probable que ce modèle ne s'applique pas universellement (Callan, 1997/1998). Dans certains cas, il peut s'avérer nécessaire de tenir un livre de bord « comportemental ». Il sera ainsi plus aisé d'identifier le moment où la concentration est à son meilleur. On réservera alors les tâches les plus studieuses pour cette période.

Les sons

Les bruits ambiants de la classe peuvent servir ou bien à rehausser ou bien à réduire le niveau d'attention et l'intensité de l'activité comportementale des élèves. L'équipe de recherche composée de Cohen, Evans, Krantz, Stokols et Kelley (1981) a examiné les résultats des élèves d'une école située près de l'aéroport international de Los Angeles (on y entend constamment le son des avions). Il en ressort que les élèves tendaient à abandonner leurs travaux en éprouvant une grande frustration. Et ce, bien plus que les groupes témoins observés dans des écoles non situées à proximité d'un aéroport.

Le personnel enseignant devrait être conscient de la manière dont les autres bruits, comme le bourdonnement des néons (par ailleurs, d'autres recherches tendent à démontrer que la lumière artificielle agit négativement sur le système immunitaire, rendant les personnes qui vivent trop longtemps sous leurs rayons plus fragiles aux divers microbes, bactéries et virus), les bruits du système de chauffage, ou ceux provenant des usines ou des routes avoisinantes, affectent et distraient les jeunes étiquetés TDA/H.

D'un autre côté, certains sons, particulièrement la musique, peuvent améliorer l'environnement d'apprentissage des enfants éprouvant des difficultés d'attention et de comportement. Des études ont démontré que la musique rock pouvait calmer les dits hyperactifs ou TDA/H (Cripe, 1986 ; Scott, 1969). Dans de tels cas, les enregistrements diffusés en musique de fond ne sont ni plus ni moins qu'un « Ritalin musical ». En effet, ils fournissent le supplément de stimulation requis.

Évidemment, ce ne sont pas tous ceux qui souffrent de ce syndrome qui peuvent en tirer un bénéfice (certains seront même très distraits par la musique ou par certains types de musique ou de sons). Cependant, plusieurs sources plaident en faveur des effets positifs importants de la musique sur l'humeur, le comportement et l'apprentissage. Ils proposent mêmes des sélections musicales pour susciter certains états (Bonny & Savary, 1990 ; Lingerman, 1995). Il peut être intéressant et profitable d'explorer cette voie afin d'améliorer la capacité d'attention et de réduire les comportements de distraction. Voici quelques idées en ce sens :

◆ Faites des expériences avec différents types de musique ambiante dans la classe, et notez les pièces qui semblent avoir les meilleurs effets sur le comportement et l'attention.

◆ Commencez la journée (ou le cours) avec de la musique. Cela peut être une pièce pour se calmer, un chant que les élèves interprètent ensemble, ou encore un événement musical en direct donné par certains étudiants, par des parents volontaires ou par d'autres membres de la communauté.

◆ Organisez, dans la classe, un lieu où les étudiants peuvent écouter différents arrangements musicaux au moyen d'écouteurs tandis qu'ils étudient ou qu'ils travaillent, sans déranger les autres.

◆ Pensez à utiliser de la musique ambiante ou quoi que ce soit qui puisse couvrir les sons dérangeants (la circulation automobile, la machinerie) de l'environnement immédiat.

En choisissant un environnement sonore adéquat, vous pouvez apaiser le « rythme hyperactif » et ainsi créer un milieu d'apprentissage harmonieux pour toute la classe.

La nourriture

L'adage « Dis-moi ce que tu manges et je te dirai qui tu es » se révèle pertinent pour un nombre délimité d'élèves étiquetés TDA/H. Comme les médicaments, la nourriture représente un aspect de l'environnement des enfants qui fait partie intégrante de leur appareil biologique. C'est pourquoi, dans une approche holistique de la question du TDA/H, nous devons considérer ses effets sur l'attention et sur le comportement.

De nombreux rapports font état de la nécessité d'un déjeuner équilibré, comprenant des protéines et des hydrates de carbone, afin que les élèves puissent centrer leur attention et réduire leur agitation (Conners, 1989).

Une enquête a été menée auprès d'un groupe identifié TDA/H, soumis à un régime alimentaire spécifique. Pour certains, la digestion des aliments contenant des additifs chimiques particuliers (des saveurs artificielles, de la teinture synthétique, et des préservatifs comme le *BHA* et le *BHT*) et ceux comprenant naturellement des salicylates (abricots, cerises et prunes) peuvent amener à réduire l'hyperactivité (Feingold, 1974 ; Hersey, 1996). Bien que de telles diètes aient fortement été critiquées par l'industrie alimentaire, plusieurs études s'entendent sur ce point (Egger, Stolla & McEwen, 1992 ; Kaplan, McNicol, Conte & Moghadam, 1989).

Il existe d'autres hygiènes alimentaires ayant un impact sur les difficultés comportementales. Elles excluent les allergènes contenus dans des produits tels que le chocolat, le lait, le blé et le maïs (Egger, Carter, Graham, Gumley & Soothill, 1985).

Il est certes difficile de déterminer à l'avance ce qui convient à tel type de personne. En outre, ces régimes s'avèrent assez contraignants car il faut contrôler quotidiennement l'intégralité de ce que l'enfant ingurgite. Cependant, avec la bonne volonté et la collaboration de l'enfant qui y est soumis, une diète spéciale peut en valoir le peine.

DES STRATÉGIES COMPORTEMENTALES

Le domaine du TDA/H a fourni une large palette de techniques, de méthodes, de systèmes, de programmes, de ressources et d'équipements basés sur les principes skinneriens de modification comportementale (A.D.D. Warehouse, 1998). Même si plusieurs de ces stratégies sont efficaces, il faut noter que la plupart font appel au contrôle externe. Les adultes disent aux enfants les règles qu'ils doivent suivre, et ils les récompensent avec des points, des compliments ou des privilèges, ou bien ils les « punissent » par des « réponses négatives » (retirer des points ou des privilèges, etc.). Dans de telles situations, les élèves ont peu de prise sur l'ensemble du processus.

On sait pourtant que ces enfants étiquetés TDA/H ressentent beaucoup de frustration lorsqu'on leur retire points et privilèges et qu'ils connaissent alors d'importants moments de désorganisation (Douglas & Parry, 1994). D'autres investigations nous démontrent qu'ils fonctionnent plus efficacement lorsqu'ils ont un certain contrôle sur leur sort (Adelman, MacDonald, Nelson, Smith & Taylor, 1990; Powell & Nelson, 1997). Par conséquent, il peut s'avérer beaucoup plus utile à long terme de faire appel à des stratégies comportementales qui donnent du pouvoir aux élèves qu'à celles reposant sur le contrôle externe.

Les stratégies comportementales présentées ici (discipline de collaboration, des pauses choisies par les élèves, *feedback*) ont pour objectif de donner aux élèves un plus grand contrôle tout en les aidant à améliorer leur capacité de concentration et leur conduite. Ainsi, elles nous ramènent au sens premier du mot *discipline*, lequel vient du mot latin *discipulus* signifiant « apprenant ». Nous souhaitons essentiellement que nos élèves modifient leur comportement, non pas comme des robots, mais plutôt en comprenant, en réfléchissant et en apprenant. Ainsi, ils peuvent commencer à réguler leur propre vie.

La discipline de collaboration

En utilisant une forme de discipline faisant appel à la collaboration, les enfants peuvent jouer un *rôle actif* dans l'établissement des règles de la classe et dans la définition du système de récompenses et de « conséquences négatives » qu'ils subiront s'ils ne respectent pas les règles. Dans ma propre classe d'enfants « à problèmes », j'ai mis sept mois pour passer d'un système de contrôle externe basé sur la récompense à cette approche visant la collaboration. Avant cela, nous passions des heures à discuter les règles et les conséquences des mauvais comportements. Ce processus confère aux jeunes des droits et des devoirs. Ils sont ainsi en mesure de réfléchir à leurs actes et à leurs conséquences sur l'harmonie en classe ou sur sa désorganisation.

Les enseignants n'ont rien à craindre, car ils gardent le droit de *veto* final sur les décisions à prendre (souvent, mes élèves proposaient des punitions très sévères pour ceux qui dérogeaient aux règles, reflétant parfois ainsi les abus dont ils étaient victimes à la maison). J'ai pu constater que mes élèves se sentaient honorés que leur voix soit écoutée et que leurs propositions soient considérées et mises en pratique. Dès que ce système fut en place, ils ont immédiatement commencé à outrepasser les règles, mais c'étaient leurs règles. Ils ont donc eu à faire face aux conséquences qu'ils avaient eux-mêmes définies. Par ailleurs, les frictions ou luttes de pouvoir qui surgissent souvent entre l'élève et l'enseignant dans une dynamique de contrôle externe ne se produisaient plus. Ces élèves ont dû apprendre à vivre dans une société qu'ils avaient eux-mêmes créée.

Si vous voulez de plus amples informations sur la mise en place de ces types de systèmes, explorez les écrits de Curwin et Mendler (1989), Kohn (1996), et Nelsen (1996).

Les temps d'arrêt

Le temps d'arrêt est un bon exemple d'une approche faisant appel à une stratégie de contrôle interne plutôt qu'à une stratégie d'intervention externe. Dans la perspective traditionnelle, on somme les éléments perturbateurs de se rendre dans un endroit particulier de la maison ou de la classe pour un temps déterminé. C'est l'espace du « bonnet d'âne » ou le « coin de la chaise berçante » fréquenté par *Denis la Menace*, le héros de bande dessinée.

Dans l'un des programmes comportementaux les plus populaires, le « 1-2-3-Magique ! », le temps d'arrêt est la composante clé (Phelan, 1996). Quand un enfant se conduit de façon inadéquate, l'enseignant ou le parent le prévient

« Voilà le 1 ! » S'il continue, l'éducateur s'exclame « Voilà le 2 ! » Enfin, s'il n'obéit pas, il s'entendra dire « Voilà le 3 ! Tu dois maintenant prendre un 5. » L'élève doit alors passer cinq minutes dans l'espace du temps d'arrêt.

Le problème avec cette approche, ou les autres systèmes de temps d'arrêt, c'est que l'élève se retrouve dans un espace où il n'a que très peu de stimulation (habituellement une chaise dans un coin vide de la classe) et attend simplement sans rien à faire. Certains enseignants leur enjoignent de s'y rendre et d'y « réfléchir ». Cette instruction constitue rarement un stimulus efficace pour inciter l'élève à réparer les torts causés. Le plus souvent, il rêve éveillé, fulmine contre l'injustice qu'il subit, planifie une stratégie de revanche, se trémousse, lance des boules de papier à ses camarades de classe, et entame d'autres formes de comportements dérangeants (lesquels lui valent souvent du temps supplémentaire de retrait dans le coin).

Zentall et Zentall (1983) estiment que ces zones de pause, par pauvreté de stimuli, manquent leur objectif. Ce n'est pas avec un petit tour « au coin » que les individus identifiés TDA/H vont trouver de quoi atteindre leur niveau d'éveil optimal. En conséquence, ces jeunes se donnent eux-mêmes leur propre stimulation dans cet espace de temps d'arrêt, d'une manière qui est souvent plus dérangeante pour la classe que le comportement initial.

Nelsen et Glenn recommandent de laisser l'enfant décider quand il est opportun de se rendre dans la zone de pause. Ils suggèrent de lui donner un chronomètre de façon à ce qu'il puisse contrôler et gérer le temps dont il a besoin pour se calmer, et même de le laisser choisir lui-même l'endroit. Il sera alors judicieux de lui donner un nom sans connotation punitive, par exemple « le coin de repos ».

Si vous voulez y placer des stimuli adaptés à leurs besoins, voici quelques suggestions :

◆ Des livres et des enregistrements pour enfants traitant de la discipline.

- Du matériel pour écrire et dessiner afin qu'ils expriment leurs sentiments à propos de ce qui leur arrive.

- Des jeux conçus pour les aider à trouver des stratégies efficaces.

Une enseignante appelait cet espace « le bureau » et laissait les jeunes l'utiliser aussi pour d'autres choses. Ainsi, cet espace était associé à des expériences d'apprentissage positives. Dans la perspective de responsabilisation, le temps d'arrêt peut devenir un moyen important, non pour punir la désobéissance, mais plutôt pour enseigner de nouveaux modèles de comportements plus constructifs.

Le retour sur le comportement

Beaucoup de ceux qui se comportent de façon inadéquate à l'école n'ont pas conscience de leurs actions ou de la manière dont elles affectent ceux qui les entourent. Revenir immédiatement sur ce comportement peut s'avérer une alternative très pertinente. En effet, l'élève doit détenir une image de sa conduite afin de l'analyser et de comprendre son impact. Voici quelques exemples de rétroactions possibles :

- Choisissez un comportement spécifique (par exemple : se lever de sa chaise) et compter le nombre de fois où l'étudiant le fait dans la journée. À la fin de la journée, donnez- lui un morceau de papier avec cette information : « Aujourd'hui, tu t'es levé cinq fois sans raison.» Assurez-vous de ne faire aucun commentaire en le faisant. Répétez ce processus pendant quelques jours. Une fois qu'il s'y est habitué, demandez-lui de tenir lui-même le décompte de cette manie.

- Prenez une photo, ou enregistrez une cassette vidéo ou un enregistrement audio, qui capte sur le vif le comportement dérangeant. Montrez la photo ou faites écouter l'enregistrement à l'élève, sans porter de jugement (et aussi sans que les autres puissent voir). Filmez une séquence avec l'enfant, de laquelle vous éliminez les mauvaises attitudes. Montrez-lui uniquement le type de comportements que vous souhaitez le voir adopter (Walther & Beare, 1991 ; Woltersdorf, 1992).

◆ Changez de place avec l'élève de façon à ce qu'il soit assis sur votre chaise et vous sur la sienne. Imitez alors certaines de ces conduites problématiques (encore une fois, il est préférable de faire ceci en l'absence des autres élèves). Demandez-lui comment il trouve son propre comportement vu de la place de l'enseignant.

Il est important d'utiliser ces techniques sans se moquer et sans juger. Évitez aussi d'y associer de longs sermons sur la façon de se tenir. En lui fournissant simplement ces informations, vous lui demandez essentiellement : « Est-ce là ce que tu veux être dans ce monde ? »

DES STRATÉGIES BIOLOGIQUES

Il faudrait enfin se demander quelles sortes de stratégies biologiques utiliser en classe. La première option qui vient à l'esprit est certainement celle d'une médication comme le Ritalin. Cela est en dehors des compétences du champ éducatif et relève plutôt de celui du médical. Je souhaite néanmoins en parler ici, car ces stratégies constituent des outils pouvant aider les enfants dans les situations suivantes :

◆ Des enfants dont les problèmes sont de nature biologique (lorsqu'il y a eu des dommages particuliers au cerveau lors d'une maladie ou d'un accident).

◆ Des enfants en crise comportementale marquée dont les symptômes permanents nous dictent une intervention immédiate (McGuinness, 1985, p. 229 ; Turecki, 1989, p. 231).

◆ Des enfants pour qui les alternatives non médicales ont été essayées sans résultat (American Academy of Pediatric, 1987).

J'aimerais aussi signaler qu'il existe d'autres options biologiques pouvant être utilisées à l'école ou suggérées aux parents. Elles ne sont pas de l'ordre des pharmacopées, mais ont tout de même un impact physiologique positif. La plus connue concerne l'alimentation, dont nous avons déjà parlé précédemment. Dans un contexte approprié, la nourriture constitue un large éventail de «médicaments» que l'on ingère quotidiennement sans s'inquiéter, ni s'interroger. Lorsque l'on comprend comment les différents aliments agissent sur le cerveau, on peut alors prendre certaines précautions visant à améliorer la chimie comportementale.

La plupart des pistes d'action décrites dans ce livre sont susceptibles d'avoir des effets positifs sur l'intégrité psychobiologique de l'élève. Les sciences qui étudient le fonctionnement du cerveau nous ont démontré l'impact de l'environnement sur son développement (par exemple: Diamond & Hopson, 1998). Il apparaît donc clairement que tout ce qu'utilise un enseignant en classe (que ce soit les ordinateurs, la musique, l'apprentissage par manipulations, l'apprentissage coopératif, la visualisation, le jeu de rôle ou tout autre idée suggérée dans ce livre ou ailleurs) a des impacts particuliers sur le jeune cerveau, créant ainsi de nouvelles connections neuronales et enrichissant le bagage neurochimique de l'enfant en croissance (Jensen, 1998; Sylwester, 1995).

Épilogue

Pour conclure cet ouvrage, j'aimerais émettre quelques commentaires généraux. Tout d'abord, il semble qu'en dépit des nombreuses inconsistances et anomalies que j'ai soulignées ici, les partisans du paradigme TDA/H n'affichent aucun signe apparent démontrant qu'ils commencent à s'orienter vers la perspective élargie dont j'ai tracé le portrait tout au long de ces pages. C'est plutôt l'inverse qui semble se confirmer. Ce point de vue traditionnel se pose encore et toujours comme le moyen privilégié d'élucider les difficultés des enfants. Cette tendance se retrouve à l'échelle de notre culture qui réduit progressivement chaque aspect de la vie humaine à des explications reposant sur la génétique, la fluctuation des éléments chimiques et les impulsions cérébrales électriques.

Le cerveau est fondamental, certes. Cependant, le considérer comme un point autour duquel tout gravite (l'équivalent neurologique du principe de Ptolémée) est, selon moi, une vision étroite de la réalité. Je vous propose ici une *révolution copernicienne* de l'attitude à adopter vis-à-vis des enfants qui ont des problèmes d'attention et de comportement. J'accepte l'idée qu'il est important de prendre en compte l'aspect biologique. Toutefois, il ne faut pas placer cet aspect au centre du phénomène. L'enfant dans son intégralité doit être au cœur de toute tentative de compréhension comme la Terre et les autres planètes tournent autour du Soleil. J'aime cette métaphore qui le représente sous les traits de la source d'énergie naturelle la plus importante de l'humanité !

Certains penseurs ont exprimé un autre point de vue à la fois intéressant et positif à propos de l'hyperactivité et du TDA. Ils considèrent ce comportement comme une tentative de l'esprit humain de s'exprimer dans la désolante structure du corps dont il est prisonnier ou dans celui d'un système social étouffant (voir Hartmann, 1997 ; Hillman, 1997 ; Inayat Khan, 1960 ; Steiner, 1974). J'aimerais vous quitter sur une dernière pensée : les enfants que nous avons étiquetés TDA ou TDAH représentent un formidable réservoir d'énergie que l'on peut envisager comme une lumière sous le boisseau, comme un rayon laser faisant des ravages, ou encore comme une expérience de fusion nucléaire « hors-contrôle ». Si cette source d'énergie est bien comprise, nourrie et canalisée, elle peut véritablement devenir la lumière de notre monde !

Médiagraphie

American Psychiatric Association (1996). *Manuel diagnostique et statistique des troubles mentaux.* Paris, Masson.

Barker, J. A. (1993). *À la découverte du futur: les paradigmes.* Harperbusiness.

Benson, H. et Klipper, M. Z. *Réagir par la détente ou comment résister aux agressions extérieures.* Paris: Tchou.

Campbell, L., Campbell, B. et Dickinson, D. (1999). *Les intelligences multiples: guide pratique.* Montréal: Chenelière/McGraw-Hill.

Dreikurs, R. et Soltz, V. (1971). *Le défi de l'enfant.* Paris: Laffont.

Erikson, E. (1982). *Enfance et société.* Lausanne: Delachaux et Niestlé.

Feingold, B. (1976). *Pourquoi votre enfant est-il hyperactif?* Paris: Montparnasse.

Gardner, H. (1997). *Les formes de l'intelligence.* Paris: O. Jacob.

Gardner, H. (1996). *Les intelligences multiples: pour changer l'école, la prise en compte des différentes formes d'intelligence.* Paris: Retz.

Glasser, W. et Dotson, K. L. (1999). *L'école qualité: enseigner sans contraindre.* Outremont: Logiques.

Glasser, W. et Dotson, K. L. (1999). *La psychologie du choix en classe.* Outremont: Logiques.

Goleman, D. (1998). *L'intelligence émotionnelle: comment transformer ses émotions en intelligence.* Paris: J'ai lu.

Gould, S. J. (1997). *La mal-mesure de l'homme: l'intelligence sous la toise des savants.* Paris: O. Jacob.

Hannaford, C. (1997). *La gymnastique des neurones: le cerveau et l'apprentissage.* Paris: Grancher.

Hillman, J. (1999). *Le code caché de votre destin.* Paris: Laffont.

Houston, J. (1985). *L'homme en devenir.* Montréal : Le Jour.

Illich, I. *Nemesis médicale : l'expropriation de la santé.* Paris : Seuil.

Kuhn, T. S. (1982). *La structure des révolutions scientifiques.* Paris : Flammarion.

Lozanov, G. (1984). *Suggestologie et éléments de suggestopédie.* Montréal : Éditions Sciences et culture.

McGoldrick, M. et Gerson, R. (1990). *Génogrammes et entretien familial.* Paris : ESF éditeur.

Napier, A. Y. et Whitaker, C. *Le creuset familial.* Paris : Laffont.

Rosenthal, R. et Jacobson, L. *Pygmalion à l'école : l'attente du maître et le développement intellectuel des élèves.* Tournai : Casterman.

Satir, V. (1995). *Thérapie du couple et de la famille : thérapie familiale.* Paris : Desclée De Brouwer.

Turecki, S. *Comprendre l'enfant difficile.* Paris : Stock.

Vygotsky, L. S. (1997). *Pensée et langage.* Paris : La dispute.

Titres en anglais

Abikoff, H. (1985). «Efficacy of cognitive training interventions in hyperactive children: A critical review». *Clinical Psychology Review*, 5(5), p. 479-512.

Abikoff, H. et Gittelman, R. (1985). «The normalizing effects of methylphenidate on the classroom behavior of ADD-H children». *Journal of Abnormal Child Psychology*, 13(1), p. 33-34.

A.D.D. Warehouse. (1998). *Catalog.* Plantation. FL: Author.

Adelman, H. S., MacDonald, V. M., Nelson, P., Smith, D. C. et Taylor, L. (1990). «Motivational readiness and the participation of children with learning and behavior problems in psychoeducational decision making». *Journal of Learning Disabilities*, 23(3), p. 171-176.

Alexander, J. (avril 1990). «Hyperactive children: Which sports have the right stuff?». *The Physician and Sportsmedecine*, 18, p. 106.

Allender, J. S. (1991). *Imagery in teaching and learning.* New York: Praeger.

American Academy of Pediatrics (novembre 1987). «Medication for children with an attention deficit disorder». *Pediatrics*, 80, p. 758.

American Psychiatric Association (1994). *Diagnostic and statistical manual of mental disorders* (*DSM-IV*). Washington, DC: American Psychiatric Press.

Ames, L. B. (1985). «Learning disability – very big around here». *Research Communications on Psychology, Psychiatry, and Behavior*, 10(142), p. 17-34.

Armstrong, T. (1987 a). «Describing strengths in children identified as "learning disabled" using Howard Gardner's theory of multiple intelligences as an organizing framework». *Dissertation Abstracts International*, 48, 08A (University Microfilms No. 87-25, 844).

Armstrong, T. (1987 b). *In their own way: Discovering and encouraging your child's personal learning style.* New York: Tarcher/Putnam.

Armstrong, T. (1988). « Learning differences – not disabilities ». *Principal*, 68(1), p. 34-36.

Armstrong, T. (1994). *Multiple intelligences in the classroom.* Alexandria, VA : Association for Supervision and Curriculum Development.

Armstrong, T. (1997). *The myth of the A.D.D. child : 50 ways to improve your child's behavior and attention span without drugs, labels, or coercion.* New York : Plume.

Arnsten, A. F. T. (1999). « Development of the cerebral cortex : XIV. Stress impairs prefrontal cortical function ». *Journal of the American Academy of Child and Adolescent Psychiatry*, 38(2), p. 220-222.

Barkley, R. (1990). *Attention deficit hyperactivity disorder : A handbook for diagnosis and treatment.* New York : Guilford Press.

Barkley, R. (1995). *Taking charge of ADHD : The complete, authoritative guide for parents.* New York : Guilford Press.

Begley, S. (15 janvier 1996). « Holes in thase genes ». *Newsweek*, 57.

Bender, R. L. et Bender, W. N. (1996). *Computer-assisted instruction for students at risk for ADHD, mild disabilities, or academic problems.* Needham Heights, MA : Allyn et Bacon.

Benson, H. et Klipper, M. Z. (1990). *The relaxation response.* New York : Avon

Berk, L. E. et Landau, S. (1993). « Private speech of learning disabled and normally achieving children in classroom academic and laboratory contexts ». *Child Development*, 64(2), p. 556-571.

Berk, L. E. et Potts, M. (1991). « Development and functional significance of private speech among attention/deficit hyperactivity disordered and normal boys ». *Journal of Abnormal Child Psychology*, 19(3), p. 357-377.

Berke, R. L. (11 juillet 1992). « Sound bites grow at CBS, then vanish ». *The New York Times*, p. L7.

Berlin, E. (octobre 1989). « Michael's orchestra ». *Ladies Home Journal*, p. 108.

Berthrong, J. H. (1994). *All under Heaven : Transforming paradigms in Confucian-Christian dialogue.* New York : SUNY Press.

Biederman, J., Newcorn, J. et Sprich, S. (1991). « Comorbidity of attention deficit hyperactivity disorder with conduct, depressive, anxiety, and other disorders ». *American Journal of Psychiatry*, 148(5), p. 564-577.

Biederman, J., Milberger, S., Faraone, S. V., Kiely, K., Guite, J., Mick, E., Ablon, S., Warburton, R. et Reed, E. (1995). « Family-environment risk factors for attention/deficit hyperactivity disorder ». *Archives of General Psychiatry*, 52, p. 464-469.

Blakeslee, S. (2 septembre 1997). « Some biologists ask "Are genes everything?" ». *The New York Times*, p. B1-B13.

Block, G. (1977). « Hyperactivity : A cultural perspective ». *Journal of Learning Disabilities*, 10(4), p. 48-52.

Bonny, H. et Savary, L. M. (1990). *Music and your mind.* Barrytown, NY : Station Hill Press.

Braswell, L., Bloomquist, M. et Pederson, S. (1991). *ADHD : A guide to understanding and helping children with attention deficit hyperactivity disorder in school settings.* Minneapolis : University of Minnesota.

Breggin, P. (1998). *Talking back to Ritalin : What doctors aren't telling you about stimulants for children.* Monroe, ME : Common Courage Press.

Brooks, R. B. (automne-hiver 1992). « Fostering self-esteem in children with ADD : The search for islands of competence ». *CHADDER*, p. 12-15.

Brooks, R. B. (1994). « Children at risk : Fostering resilience and hope ». *American Journal of Orthopsychiatry*, 64(4), p. 545-553.

Budd, L. (1993). *Living with the active alert child : Groundbreaking strategies for parents.* Seattle, WA : Parenting Press.

Callan, R. J. (décembre 1997, janvier 1998). « Giving students the (right) time of day ». *Educational Leadership*, 55, p. 84-87.

Cameron, J. (1978). « Parental treatment, children's temperament, and the risk of childhood behavioral problems ». *American Journal of Orthopsychiatry*, 48(1), p. 140-141.

Carlson, E. A., Jacobvitz, D. et Sroufe, L. A. (1995) « A developmental investigation of inattentiveness and hyperactivity ». *Child Development*, 66(1), p. 37-54.

Cartwright, S. A. (mai 1851). « Report on the diseases and physical peculiarities of the Negro race ». *The New-Orleans Medical and Surgical Journal*, 7, p. 691-716.

Castellanos, F. X., Lau, E., Tayebi, N., Lee, P., Long, R. E., Giedd, J. N., Sharp, W., Marsh, W. L., Walter, J. M., Hamburger, S. D., Ginns, E. I., Rapoport, J. L. et Sidranskyl, E. (1998). « Lack of an association between a dopamine-4 receptor poplymorphism and attention-deficit/hyperactivity disorder: Genetic and brain morphometric analyses ». *Molecular Psychiatry*, 3(5), p. 431-434.

Ceci, S. J. et Tishman, J. (1984). « Hyperactivity and incidental memory: Evidence for attention diffusion ». *Child Development*, 55(6), p. 2192-2203.

CH.A.D.D. (1994). « Attention deficit disorders: An educator's guide ». *CH.A.D.D. Facts 5*. Plantation, FL: Author.

Chess, S. et Thomas, A. (1996). *Temperament: Theory and practice*. New York: Brunner/Mazel.

Christensen, A., Phillips, S., Glasgow, R. E. et Johnson, S. M. (1983). « Parental characteristics and interactional dysfunction in families with child behavior problems: A preliminary investigation ». *Journal of Abnormal Child Psychology*, 11(1), p. 153-166.

Coat, T. (13 janvier 1982). « Can running help troubled kids? » *The San Diego Tribune*, p. A1.

Cohen, M. W. (1997). *The attention zone: A parent's guide to attention deficit/hyperactivity disorder*. New York: Brunner-Mazel.

Cohen, S., Evans, G. W., Krantz, D. S., Stokols, D. et Kelly, S. (1981). « Aircraft noise and children : Longitudinal and cross-sectional evidence on adaptation to noise and the effectiveness of noise abatement ». *Journal of Personality and Social Psychology*, 40, p. 331-345.

Conners, C. K. (1989). *Feeding the brain : How food affect children.* New York : Plenum.

Corrigall, R. et Ford, T. (1996). « Methylphenidate euphoria ». *Journal of the American Academy of Child and Adolescent Psychiatry*, 35(1), p. 1421.

Conrad, P. (1975). « The discover of hyperkinesis : Notes on the medicalization of deviant behavior ». *Social Problems*, 23(1), p. 12-21.

Cowart, V. S. (1988). « The Ritalin controversy : What's made this drug's opponents hyperactive ? ». *Journal of the American Medical Association*, 259(17), p. 2521-2523.

Cramond, B. (1994). « Attention-deficit hyperactivity disorder and creativity : What is the connection ? ». *Journal of Creative Behavior*, 28(2), p. 193-210.

Cripe, F. F. (1986). « Rock music as therapy for children with attention deficit disorder : An exploratory study ». *Journal of Music Therapy*, 23(1), p. 30-37.

Cruickshank, W. M. (1975). « The learning environment ». Dans W. M. Cruickshank et D. P. Hallahan. *Perceptual and learning disabilities in children : Vol. 1. Psychoeducational practices.* Syracuse, NY : Syracuse University Press.

Curwin, R. L. et Mendler, A. N. (1989). *Discipline with dignity.* Alexandria, VA : Association for Supervision and Curriculum Development.

Dang, T. T. (1994). *Beginning t'ai chi.* New York : Charles Tuttle.

Davidson, P. (1996). *Super source for Cuisenaire Rods.* White Plains, NY : Cuisenaire Company of America.

Diamond, M. et Hopson, J. (1998). *Magic trees of the mind.* New York : Dutton.

Diller, L. H. (1998). *Running on Ritalin: A physician reflects on children, society, and performance in a pill.* New York: Bantam/Doubleday/Dell.

Diller, L. H. et Tanner, J. (1996). «Etiology of ADHD: Nature or nurture?». *American Journal of Psychiatry*, 153(3), p. 451-452.

Divoky, D. (1989). «Ritalin: Education's fix-it drug?». *Phi Delta Kappan*, 70(8), p. 599-605.

Dolnick, E. (19 avril 1992). «Snap out of it!». *San Francisco Chronicle*, p. 9.

Douglas, V. I. et Parry, P. A. (1994). «Effects of reward and nonreward on frustration and attention in attention deficit disorder». *Journal of Abnormal Child Psychology*, 22(3), p. 281-301.

Druckman, D. et Swets, J. A. (1988). *Enhancing human performance: Issues, theories, and techniques.* Washington, DC: National Academy Press.

Drug Enforcement Administration (octobre 1995). *Methylphenidate: A background paper.* Washington, DC: National Academy Press.

Duckworth, E. (1979). «Either we're too early and they can't learn it or we're too late and they know it already: The dilemma of applying Piaget». *Harvard Educational Review*, 49(3), p. 297-312.

Dunn, F. M. et Howell, R. J. (1986). «Relaxation training and its relationship to hyperactivity in boys». *Journal of Clinical Psychology*, 38(1), p. 92-100.

DuPaul, G. J. et Henningson, P. N. (1993). «Peer tutoring effects on the classroom performance of children with attention deficit hyperactivity disorder». *School Psychology Review*, 22(1), p. 134-143.

Dyment, P. G. (1990). «Hyperactivity, stimulants, and sports». *The Physician and Sportsmedecine*, 18(4), p. 22.

Dyson, A. H. (1987). «The value of "Time off task": Young children's spontaneous talk and deliberate text». *Harvard Educational Review*, 57(4), p. 396-420.

Eddowes, E. A., Aldridge, J. et Culpepper, S. (1994). « Primery teachers' classroom practices and their perceptions of children's attention problems ». *Perceptual and motor Skills*, 79(2), p. 787-790.

Egger, J., Carter, C. M., Graham, P. J., Gumley, D. et Soothill, J. M. (9 mars 1985). « Controlled trial of oligoantigenic treatment in the hyperkinetic syndrome ». *The Lancet, I* (8428), p. 540-545.

Egger, J., Stolla, A. et McEwen, L. M. (9 mai 1992). « Controlled trial of hyposensitisation in children with food-induced hyperkinetic syndrome ». *The Lancet 339*(8802), p. 1150-1153.

Elkin, D. (1981). *The hurried child : Growing up too fast too soon.* Reading, MA : Addison-Wesley.

Elkin, D. (1984). *All grown up and no place to go : Teenagers in crisis.* Reading, MA : Addison-Wesley.

Elkin, D. (1988). *Miseducation : Preschool at risk.* New York : Alfred A. Knopf.

Elmer-De Witt, P. (26 novembre 1990). « Why junior won't sit still ». *Time*, 59.

Erikson, E. (1977). *Toys and reasons.* New York : W.W. Norton.

Ernst, M., Liebenauer, L. L., King, A. C., Fitzgerald, G. A., Cohen, R. M. et Zametkin, A. J. (1994). « Reduced brain metabolism in hyperactive girls ». *Journal of American Academy of Child and Adolescent Psychiatry*, 33(6), p. 858-868.

Fehlings, D. L., Roberts, W., Humphries, T. et Dawes, G. (1991). « Attention deficit hyperactivity disorder : Does cognitive behavioral therapy improve home behavior ? ». *Journal of Developmental Pediatrics*, 12(4), p. 223-228.

Feingold, B. (1974). *Why your child is hyperactive.* New York : Random House.

Fiore, T. A. et Becker, E. A. (1994). *Promising classroom interventions for students with attention deficit disorder.* Research Triangle Park, NC : Center for Research in Education.

Fleisher, L. S., Soodak, L. C. et Jelin, J. A. (1984). « Selective attention deficits in learning disabled children : Analysis of the data base ». *Exceptional Children*, 51(2) p. 136-141.

Ford, M. J., Poe, V. et Cox, J. (1993). « Attending behaviors of ADHD children in math and reading using various types of software ». *Journal of Computing in Childhood Education*, 4(2), p. 183-196.

Foster, W. (1986). *Paradigms and promises : New approaches to educational administration.* New York : Prometheus.

Freed, J. et Oarsons, L. (1998). *Right-brained children in a left-brained world : Unlocking the potential of your ADD child.* New York : Fireside.

Fuller, R., Walsh, P. N. et McGinley, P. (1997). *A century of psychology : Progress, paradigms and prospects for the new millenium.* New York : Routledge.

Furman, R. (1996). « Correspondence ». *Journal of Child Psychotherapy*, 22(1), p. 157-160.

Gallas, K. (1994). *The languages of learning : How children talk, write, dance, draw, and sing their understanding of the world.* New York : Teachers College Press.

Galvin, M. (1988). *Otto learns about his medecine.* New York : Brunner/Mazel.

Garber, S. W., Garber, M. D. et Spizman, R. F. (1997). *Beyond Ritalin : Facts about medication and other strategies for helping children, adolescents, and adults with attention dificit disorders.* New York : HarperCollins.

Gehret, J. (1991). *Eagle eye : A child's guide to paying attention.* Fairport, NY : Verbal Images Press.

Gibbs, N. (28 novembre 1998). « The age of Ritalin ». *Time*, 152, p. 86-96.

Giedd, J. N., Castellanos, F. X., Casey, B. J., Kozuch, P., King, A. C., Hamburger, S. D. et Rapoport, J. L. (mai1994). «Quantitative morphology of the corpus callosum in attention deficit hyperactivity disorder». *American Journal of Psychiatry*, 151(5), p. 665-669.

Glusker, A. (30 mars 1997). «Deficit selling». *The Washington Post Magazine*, p. 13-16 et p. 25-27.

Goertzel, V. et Goertzel, M. G. (1962). *Cradles of eminence.* Boston: Littel, Brown & Co.

Goldenberg, I. et Goldenberg, H. (1980). *Family therapy: an overview* (3ᵉ éd.). Monterey, CA: Brooks-Cole.

Goldman, L. S., Genel, M., Bezman, R. J. et Slanetz, P. J. (8 avril 1998). «Diagnosis and treatment of attention — deficit/hyperactivity disorder in children ans adolescents». *Journal of the American Medical Association*, 279(14), p. 1100-1107.

Goleman, D. (1996). *The meditative mind: Varieties of meditative experience.* New York: Tarcher/Putnam.

Goodman, G. et Poillion, M. J. (1992). «ADD: Acronym for any dysfunction or difficulty». *The Journal of Special Education*, 26(1), p. 37-56.

Gordon, M. (automne 1995). «Certainly not a fad, but it can be over-diagnosed». *Attention!* p. 20-22.

Gould, S. J. (1975). «The child as man's real father». *Natural History*, 84(5), p. 18-22.

Green, C. et Chee, K. (1998). *Understanding ADHD: Attention deficit hyperactivity disorder.* New York: Fawcett.

Greespan, S. (1996). *The challenging child: Understanding, raising, and enjoying the five difficult types of children.* New York: Perseus Press.

Grinspoon, L. et Singer, S. B. (1973). «Amphetamines in the treatment of hyperkinetic children». *Harvard Educational Review*, 43(4), p. 515-555.

Griss, S. (1998). *Minds in motion: A kinesthetic approach to teaching elementary curriculum.* Portsmouth, NH: Heinemann.

Guevremont, D. (1990). « Social skills and peer relationship training ». Dans R. Barkley. *Attention deficit hyperactivity disorder: A handbook for diagnosis and treatment.* New York: Guliford Press.

Haggerty, B. (1995). *Nurturing intelligences: A guide to multiples intelligences theory and teaching.* Menlo Park, CA: Addison-Wesley.

Hales, D. et Hales, R. E. (7 janvier 1996). « Finally, I know what's wrong ». *Parade Magazine,* p. 10-11.

Hallowell, E. M. et Ratey, J. J. (1994 a). *Driven to distraction.* New York: Pantheon.

Hallowell, E. M. et Ratey, J. J. (1994 b). *Answer to distraction.* New York: Pantheon.

Hamlett, K. W., Pellegrini, D. S. et Conners, C. K. (1987). « An investigation of executive process in the problem-solving of attention deficit disorder-hyperactive children ». *Journal of Pediatric Psychology,* 12(2), p. 227-240.

Hancock, L. (18 mars 1996). « Mother's little helper ». *Newsweek,* 127, p. 50-59.

Hannaford, C. (1995). *Smart moves: Why learning is not all in your head.* Arlington, VA: Great Ocean.

Harris, M. J., Milich, R., Corbitt, E. M., Hoover, D. W. et Brady, M. (1992). « Self-fulfilling effects of stigmatizing information on children's social interactions ». *Journal of Personality and Social Psychology,* 63(1), p. 41-50.

Hartmann, T. (1997). *Attention deficit disorder: A different perception.* Grass Valley, CA: Underwood Books.

Hartocollis, A. (21 novembre 1998). « Federal officials says study shows racial bias in special-education placement ». *The New York Time,* p. A13.

Hauser, P., Zametkin, A. J., Martinez, P., Vitiello, B., Matochik, J. A., Mixson, A. J. et Weintraub, B. D. (1993). « Attention deficit-hyperactivity disorder in people with generalized resistance to thyroid hormone ». *New England Journal of Medecine,* 328(14), p. 997-1001.

Healy, J. (1991). *Endangered minds: Why our children don't think?* New York: Touchstone.

Healy, J. (1998). *Failure to connect: How computers affect our children's mind – for better or worse...* New York: Simon & Schuster.

Heilveil, I. et Clark, D. (août 1990). *Personality correlates of attention deficit hyperactivity disorder.* Exposé présenté à la convention annuelle de l'American Psychological Association, Boston, MA. (ERIC ED 331269).

Hersey, J. (1996). *Why can't my child behave?* Alexandria, VA: Pear Tree Press.

Heusmann, L. R. et Eron, L. D. (1986). *Television and agressive child: A cross-national comparison.* Hillsdale, NJ: Lawrence Erlbaum.

Hill, J. C. et Schoener, E. P. (1996). « Age-dependent decline of attention deficit hyperactivity disorder ». *American Journal of Psychiatry*, 154(9), p. 1323-1325.

Hobbs, N. (1975). *The futures of children.* San Francisco: Jossey-Bass.

Houston, J. (1982). *The possible human.* New York: Tarcher/Putnam.

Hubbard, R. et Wald, E. (1993). *Exploding the gene myth.* Boston: Beacon Press.

Inayat Khan. (1960). *The Sufi message of Hazrat Inayat Khan.* London: Barrie & Jenkins.

Ingersoll, B. D. (1988). *Your hyperactive child: A parent's guide to coping with attention deficit disorder.* New York: Doubleday.

Ingersoll, B. D. (automne 1995). « ADD: Not just another fad ». *Attention!* p. 17-19.

Ingersoll, B. D. et Goldstein, S. (1993). *Attention deficit disorder and learning disabilities: Realities, myths, and controversial treatments.* New York: Doubleday.

Iyengar, B. K. S. (1995). *Light on yoga.* New York: Schocken Books.

Jacob, R. G., O'Leary, K. D. et Rosenblad, C. (1978). « Formal and informal classroom settings: effects on hyperactivity ». *Journal of Abnormal Child Psychology*, 6(1), p. 47-59.

Jensen, E. (1998). *Teaching with the brain in mind*. Alexandria, VA: Association for Supervision and Curriculum Development.

Johnson, T. M. (juillet 1997). « Evaluating the hyperactive child in your office: Is it ADHD? ». *American Family Physician*, 56(1), p. 155-160.

Jung, C. G. (1981). *The development of personality*. Princeton, NJ: Princeton University Press.

Kaplan, B. J., McNicol, J., Conte, R. A. et Moghadam, H. K. (janvier 1989). « Dietary replacement in preschool-aged hyperactive boys ». *Pediatrics*, 83, p. 7-17.

Klein, R. G. et Mannuzza, S. (1991). « Long-term outcome of hyperactive children: A Review ». *Journal of the American Academy of Child and Adolescent Psychiatry*, 30(3), p. 383-387.

Kohn, A. (1996). *Beyond discipline: From compliance to community*. Alexandria, VA: Association for Supervision and Curriculum Development.

Kolata, G. (15 novembre 1990). « Hyperactivity is linked to brain abnormality ». *The New York Times*, p. A1.

Kolko, D. J., Loar, L. L. et Sturnick, D. (1990). « Inpatient social-cognitive skills training groups with conduct disordered and attention deficit disordered children ». *Journal of Child Psychology & Psychiatry & Allied Disciplines*, 31(5), p. 737-748.

Kratter, J. et Hogan, J. D. (1982). *The use of meditation in the treatment of attention deficit disorder with hyperactivity*. (ERIC ED 232-787)

Krechevsky, M. (février 1991). « Project spectrum: An innovative assessment alternative ». *Educational Leadership*, 48, p. 43-49.

Kurcinka, M. (1992). *Raising your spirited child*. New York: HaperPerennial.

LaHoste, G. J., Swanson, J. M., Wigal, S. B., Glabe, C., Wigal, T., King, N. et Kennedy, J. L. (1996). « Dopamine D4 receptor gene polymorphism is associated with attention deficit hyperactivity disorder ». *Molecular Psychiatry*, 1, p. 121-124.

Landau, S., Lorch, E. P. et Milich, R. (1992). « Visual attention to and comprehension of television in attention-deficit hyperactivity disordered and normal boys ». *Child Development*, 63, p. 928-937.

Lazear, D. (1991). *Seven ways of knowing: Teaching for multiples intelligences*. Palatine, IL: Skylight.

Lazear, D. (1993). *Seven pathways of learning: Teaching students and parents about multiple intelligences*. Tucson, AZ: Zephyr Press.

Lazear, D. (1994). *Multiple intelligences approaches to assessment: Solving the assessment conundrum*. Tucson, AZ: Zephyr Press.

Lee, S. W. (1991). « Biofeedback as a treatment for childhood hyperactivity: A critical review of the literature ». *Psychological Reports*, 68(1), p. 163-192.

Levine, M. (1992). *All kinds of minds*. Cambridge, MA: Educators Publishing Services.

Lingerman, H. A. (1995). *The healing energies of music*. Wheaton, IL: Quest.

Linn, R. T. et Hodge, G. K. (1982). « Locus of control in childhood hyperactivity ». *Journal of Consulting and Clinical Psychology*, 50(4), p. 592-593.

Locher, P. J. (1995). « Use of haptic training to modify impulse and attention control deficits of learning disabled children ». *Journal of Learning Disabilities*, 18(2), p. 89-93.

Long, P. et Bowen, J. (mars 1995). *Teaching students to take control of their learning*. Exposé présenté à la conférence internationale de la Learning Disabilities Association, Orlando, FL. (ERIC ED381989).

Lowenfeld, V. (1987). *Creative and mental growth* (8e éd.). New York: MacMillan.

Lubar, J. et Lubar, J. F. (1984). « Electroencephalographic bio-feedback of SMR and beta for treatment of attention deficit disorders in a clinical setting ». *Biofeedback and Self Regulation*, 9(1), p. 1-23.

Lynn, R. (1979). *Learning disabilities: An overview of the theories, approaches, and politics.* New York: The Free Press.

Machan, D. (août 1996). « An agreeable affliction ». *Forbes*, p. 148-151.

Malhatra, A. K., Virkkunen, M., Rooney, W., Eggert, M., Linnoila, M. et Goldman, D. (1996). « The association between the dopamine D4 receptor (D4DR) 16 amino acid repeat polymorphism and novelty seeking ». *Molecular Psychiatry*, 1(5), p. 388-391.

Mann, D. (1996). « Serious play ». *Teachers College Record*, 97(3), p. 116-169.

Mann, E. M., Ikeda, Y., Mueller, C. W., Takahashi, A., Tao, K. T., Humris, E., Li, B. L. et Chin, D. (1992). « Cross-cultural differences in rating hyperactive-disruptive behaviors in children ». *American Journal of Psychiatry*, 149(11), p. 1539-1542.

Manning, A. (14 mars 1995). « '90's teens find a new high by abusing Ritalin ». *USA Today*, p. D1.

Mannuzza, S., Klein, R. G., Bessler, A., Malloy, P. et LaPadula, M. (1993). « Adult outcome of hyperactive boys ». *Archives of General Psychiatry*, 50, p. 565-576.

Margulies, N. (1991). *Mapping inner space: Learning and teaching mind mapping.* Tucson, AZ: Zephyr Press.

Markowitz, N. (octobre 1986). « David was always on the move ». *Learning*, 15(3), p. 53-54.

Maugh, T. H. (1er mai 1996). « Gene is a factor in hyperactivity, researchers say ». *The Los Angeles Times*, Home Edition, Part A.

McBurnett, K., Lahey, B. B. et Pfiffner, L. J. (1993). «Diagnosis of attention deficit disorders in DSM-IV: Scientific basics and implications for education». *Exceptional Children*, 60(2), p. 108-117.

McGee, R. et Share, D. L. (1988). «Attention deficit disorder-hyperactivity and academic failure: Which comes first and what should be treated?». *Journal of the American Academy of Child and Adolescent Psychiatry*, 27(3), p. 318-325.

McGuinness, D. (1985). *When children don't learn*. New York: BasicBooks

McGuinness, D. (1989). «Attention deficit disorder: The emperor's clothes, animal 'pharm' and other fiction». Dans S. Fisher et R. P. Greenberg, *The limits of biological treatments for psychological distress* (p. 151-183). Hillsdale, NJ: Lawrence Erlbaum.

Milich, R. et Okazaki, M. (1991). «An examination of learned helplessness among attention-deficit hyperactivity disordered boys». *Journal of Abnormal Child Psychology*, 19(5), p. 607-623.

Millman, P. G. (1984). «The effects of computer-assisted instruction on attention deficits, achievement, and attitudes of learning-disabled children». *Dissertation Abstracts International*, p. 45, 3114A.

Montagu, A. (1983). *Growing young*. New York: McGraw-Hill.

Moses, S. (février 1990 a). «Hypotheses on ADHD debated at conference». *APA Monitor*, p. 34.

Moses, S. (novembre 1990 b). «Unusual coalition nixes inclusion of A.D.D. in bill». *APA Monitor*, p. 37.

Moses, S. (décembre 1991). «Letter on A.D.D. kids gets mixed reactions». *APA Monitor*, p. 36-37.

Moses-Zirkes, S. (octobre 1992). «Path to kindergarten can be treacherous». *APA Monitor*, p. 52.

Moss, R. A. (1990). *Why Johnny can't concentrate: Coping with attention deficit problems*. New York: Bantam.

Mulligan, S. (1996). « An analysis of score patterns of children with attention disorders on the sensory integration and praxis tests ». *American Journal of Occupational Therapy*, 50(8), p. 647-654.

Murdock, M. (1989). *Spinning inward : Using guided imagery with children for learning creativity, and relaxation*. Boston : Shambhala.

Nathan, W. A. (1992). « Integrated multimodal therapy of children with attention-deficit hyperactivity disorder ». *Bulletin of the Menninger Clinic*, 56(3), p. 283-311.

Nelsen, J. (1996). *Positive discipline*. New York : Ballantine.

Nelsen, J. et Glenn, H. S. (1991). *Time out*. Fair Oaks, CA : Sunrise Press.

Neumann, E. (1971). *Art and the creative unconscious : Four essays*. Princeton, NJ : Princeton University Press.

Nylund, D. et Corsiglia, V. (1997). « From deficits to special abilities : Working narratively with children labeled ADHD ». Dans M. F. Hoyt, *Constructive therapies* (p. 163-183). New York : Guilford Press.

Oaklander, V. (1978). *Windows to our children*. Moab, UT : Real People Press.

Olds, A. R. (1979). « Designing developmentally optimal classrooms for children with special needs ». Dans S. J. Meisels. *Special education and development* (p. 91-138). Baltimore : University Park Press.

Omizo, M. M. (avril 1981). Relaxation training and biofeedback with hyperactive elementary school children ». *Elementary School Guidance and Counseling*, 15(4), p. 329-333.

O'Neil, J. (janvier 1994) « Looking at art through new eyes ». *Curriculum update*, p. 1 et 8.

Orlick, T. (1982). *Second cooperative sports and games book*. New York : Pantheon.

Osguthorpe, R. T. (septembre 1985). « Trading places : Why disabled students should tutor non-disabled students ». *The Exceptional Parent*, 15(5), p. 41-48.

Palladino, J. (1997). *The Edison trait: Saving the spirit of your nonconforming child.* New York: Times Books.

Panksepp, J. (automne 1996). « Sensory integration, rough- and tumble play and ADHD ». *Lost and Found: Perspectives on Brain, Emotions, and Culture,* 2(3), p. 1-3.

Parker, H. C. (1992). *The ADD hyperactivity handbook for schools.* Plantation, FL: Impact Publications.

Patterson, N. H. (1997). *Every body can learn: Engaging the bodily-kinesthetic intelligence in the everyday classroom.* Tucson, AZ: Zephyr Press.

Pelham, W. E., Murphy, D. A., Vannatta, K., Milich, R., Licht, B. G., Gnagy, E. M., Greenslade, K. E., Greiner, A. R. et Vodde-Hamilton, M. (1992). « Methylphenidate and attributions in boys with attention-deficit hyperactivity disorder ». *Journal of Consulting and Clinical Psychology,* 60(2), p. 282-292.

Pennington, B. F., Groissier, D. et Welsh, M. C. (1993). « Contrasting cognitive deficits in attention deficit hyperactivity disorder versus reading disability ». *Developmental Psychology,* 29(3), p. 511-523.

Perry, B. D. et Pollard, R. (1998). « Homeostasis, stress, trauma, and adaptation: A neurodevelopmental view of childhood trauma ». *Child et Adolescent Psychiatric Clinics of North America,* 7(1), p. 33-51.

Phelan, T. W. (1996). *1-2-3-magic. Child Management.*

Porrino, B., Rapoport, J. L., Behar, D., Sceery, W., Ismond, D. R. et Bunney, W. E., Jr. (1983). « A naturalist assessment of the motor activity of hyperactive boys ». *Archives of General Psychiatry,* 40, p. 681-687.

Portner, J. (3 novembre 1993). « 46 states mandate P.E., but only four found to require classes in all grades ». *Education Week,* p. 10.

Powell, S. et Nelsen, B. (1997). « Effects of choosing academic assignments on a student with attention deficit hyperactivity disorder ». *Journal of Applied Behavior Analysis,* 30(1), p. 181-183.

Putnam, S. et Copans, S. A. (hiver 1998). « Exercise : An alternative approach to the treatment of AD/HD ». *Reaching Today's Youth*, 2, p. 66-68.

Rapoport, J. (hiver 1995). « Q et A : An interview with Dr. Judith Rapoport, Chief of the Child Psychiatry Branch of the National Institute of the Mental Health ». *Attention!* Disponible dans le site Internet suivant : http://www.chadd.org/attention/rapoport.htm

Ratey, J. J. et Johnson, C. (1998). *Shadow syndromes : The mild forms of major mental disorders that sabotage us.* New York : Bantam/Doubleday/Dell.

Reid, B. D. et McGuire, M. D. (1995). *Square pegs in round holes – these kids don't fit : High ability students with behavioral problems.* Storrs : National Research Center on the Gifted and Talented, University of Connecticut.

Reid, R. et Magg, J. W. (1994). « How many fidgets in a pretty much : A critique of behavior rating scales for identifying students with ADHD ». *Journal of School Psychology*, 32(3), p. 339-354.

Reid, R. et Maag, J. W. (1997). « Attention deficit hyperactivity disorder : Over here and over there ». *Educational and Child Psychology*, 14(1), p. 10-20.

Reid, R., Magg, J. W. et Vasa, S. F. (1993). « Attention deficit hyperactivity disorder as a disability category : A critique ». *Exceptional Children*, 60(3), p. 198-214.

Reif, S. F. (1993). *How to reach and teach ADD/ADHD children.* West Nyack, NY : The Center for Applied Research in Education.

Resnick, R. J. et McEvoy, K. (1994). « Attention-deficit/hyperactivity disorder : Abstracts of the psychological and behavioral literature, 1971-1994 ». *Bibliographies in Psychology, No. 14.* Washington, DC : American Psychological Association.

Richter, N. C. (1984). « The efficacy of relaxation training with children ». *Journal of Abnormal Child Psychology*, 12(2), p. 319-344.

Robin, A. (1990). « Training families with ADHD adolescents ». Dans R. Barkley, *Attention deficit hyperactivity disorder: A Handbook for diagnosis and treatment* (p. 413-457). New York: Guiford Press.

Robinson, H. (novembre 1998). « Are we raising boys wrong? ». *Ladies Home Journal*, p. 96-100.

Rose, C. (1989). *Accelerative learning.* New York: Dell.

Rose, F. (8 novembre 1987). « Pied piper of the computer ». *The New York Times Magazine*, p. 56-62 et p. 140-141.

Rosenthal, R. (1978). « Interpersonal expectancy effects: The first 345 studies ». *The Behavioral and Brain Sciences, 3*, p. 377-415.

Ross, D. et Ross, S. (1982). *Hyperactivity: Current issues, research, and theory.* New York: Wiley.

Safer, D. J. et Krager, J. M. (1992). « Effect of a media blitz and a threatened lawsuit on stimulant treatment ». *Journal of the American Medical Association*, 268(8), p. 1004-1007.

Samples, B. (1976). *The metaphoric mind.* Reading, MA: Addison-Wesley.

Schneidler, T. D. (août 1973). *Application of psychosynthesis techniques to child psychotherapy.* Exposé présenté à la conférence internationale sur la psychosynthèse, Val-Morin (Québec).

Schrag, P. et Divoky, D. (1975). *The myth of the hyperactive child: And other means of child control.* New York: Pantheon.

Schuster, D. H. et Gritton, C. E. (1986). *Suggestive accelerative learning techniques.* New York: Gordon et Breach

Schwartz, J. (1992). *Another door to learning.* New York: Crossroad.

Schwartz, J. M., Stoeseel, P. W., Baxter, L. R., Martin, K. M. et Phelps, M. E. (février 1996). « Systematic changes in cerebral glucose metabolic rate after successful behavior modification treatment of obsessive-compulsive disorder ». *Archives of General Psychiatry*, 53, p. 109-113.

Scott, T. J. (1969). « The use of music to reduce hyperactivity in children ». *American Journal of Orthopsychiatry*, 40(4), p. 677-680.

Scrip, L. (1990). *Transforming teaching through arts PROPEL portfolios: A case study of assessing individual students work in the high school ensemble.* Cambridge, MA: Harvard Project Zero.

Seefeldt, V. et Vogel, P. (novembre 1990). « What can we do about physical education? » *Principal*, 70, p. 12-14.

Shaw, G. A. et Brown, G. (1991). « Laterality, implicit memory, and attention disorder ». *Educational Studies*, 17(1), p. 25-23.

Sigmon, S. B. (1987). *Radical analysis of special education: Focus on historical development and learning disabilities.* New York: Falmer Press.

Sleator, E. K. Ullmann, R. L. (janvier 1981). « Can the physician diagnose hyperactivity in the office? ». *Pediatrics*, 67(1), p. 13-17.

Sleator, E. K. Ullmann, R. K. et Neumann, A. (1982). « How do hyperactive children feel about taking stimulants and will they tell the doctor? » *Clinical Pediatrics*, 21(8), p. 474-479.

Smallwood, D. (1997). *Attention disorders in children: A compilation of resources for school psychologists.* Washington, DC: National Association of School Psychologists.

Smitheman-Brown, V. et Church, R. P. (1996). « Mandala drawing: Facilitating creative growth in children with A.D.D. or A.D.H.D ». *Art Therapy: Journal of the American Art Therapy Association*, 13(4), p. 252-260.

Spencer, T., Biederman, J., Wilens, T. et Guite, J. (juillet 1995). « ADHD and thyroid abnormalities: A research note ». *Journal of Child Psychology & Psychiatry & Allied Disciplines*, 36(5), p. 879-885.

Spolin, V. (1986). *Theater games for the classroom.* Evanston, IL: Northwestern University Press.

Squires, S. (15 novembre 1990). « Brain function yields physical clue that could help pinpoint hyperactivity ». *The Washington Post*, p. A08.

Steiner, R. (1974). *The kingdom of chilhood.* London: Rudolf Steiner Press.

Stewart, M. (1993). *Yoga for children.* New York: Fireside.

Still, G. W. (12 avril 1902). « Some abnormal psychical conditions in children ». *The Lancet, 4103*, p. 1008-1012.

Sudderth, D. B. et Kandel, J. (1997). *Adult ADD: The complete handbook.* Rocklin, CA: Prima Publishing.

Sunshine, J. L., Lewin, J. S., Wu, D. H., Miller, D. A., Findlin, R. L, Manos, M. J. et Schwartz, M. A. (1997). « Functional MR to localize sustained visual attention activation in patients with attention deficit hyperactivity disorder: A pilot study ». *American Journal of Neuroradiology*, 18(4), p. 633-637.

Sutherland, J. et Algozzine, B. (1979). « The learning disabled label as a biasing factor in the visual motor peformance of normal children ». *Journal of Learning Disabilities*, 12(1), p. 8-14.

Sutton-Smith, B. (1998). *The ambiguity of play.* Cambridge, MA: Harvard University Press.

Swanson, J. M., McBurnett, K., Wigal, T., Pfiffner, L. J., Lerner, M. A., Williams, L., Christian, D. L., Tamm, L., Willcutt, E., Crowley, K., Clevenger, W., Khouzam, N., Woo, C., Crinell, F. M. et Fisher, T. D. (1993).« Effect of stimulant medication on children with attention deficit disorder: A review of reviews ». *Exceptional Children*, 60(2), p.154-162.

Sykes, D. H., Douglas, V. I. et Morgenstern, G. (1973). « Sustained attention in hyperactive children ». *Journal of Child Psychology & Psychiatry & Allied Disciplines*, 14, p. 213-220.

Sylwester, R. (1995). *A celebration of neurons.* Alexandria, VA: Association for Supervision and Curriculum Development.

Sylwester, R. et Cho, J.-Y. (décembre 1992 – janvier 1993). « What brain research says about paying attention ». *Educational Leadership*, 50, p. 71-75.

Taylor, D. (1991). *Learning denied.* Portsmouth, NH : Heinemann.

Taylor, E. et Sandberg, S. (1984). « Hyperactive behavior in English schoolchildren : A questionnaire survey ». *Journal of Abnormal Child Psychology*, 12(1), p. 143-155.

Thomas, A., Chess, S., Sillen, J. et Menzez, O. (1974). « Cross-cultural study of behavior in children with special vulnerabilities to stress ». Dans D. Ricks, A. Thomas et M. Roff, *Life history research in psychopathology : Vol. 3.* Minneapolis : University of Minnesota Press.

Turecki, S. (1995). *Normal children have problems, too : How parents can understand and help.* New York : Bantam/Doubleday/Dell.

Tyson, K. (1991). « The understanding and treatment of childhood hyperactivity : Old problems and new approaches ». *Smith College Studies in Social Work*, 61(1), p. 133-166.

Vaidya, C. J., Austin, G., Kirkorian, G., Ridelhuber, H. W., Desmond, J. E., Glover, G. H. et Gabrieli, J. D. E. (1998). « Selective effects of methylphenidate in attention deficit hyperactivity disorder : A functional magnetic resonance study ». *Proceeding of the National Academy of Science*, 95(24), p. 14494-14499.

Viadero, D. (2 octobre 1991). « E. D. clarifies policy on attention-deficit disorder ». *Education Week*, p. 29.

Virgilio, S. J. et Berenson, G. S. (1988). « Super kids – super-fits : A comprehensive fitness intervention model for elementary schools ». *Journal of Physical Education Recreation, and Dance*, 59(8), p. 19-25.

Volkow, N. D., Ding, Y.-S., Fowler, J. S., Wang, G.-J., Logan, J., Gatley, J. S., Dewey, S., Ashby, C., Liebermann, J., Hitzemann, R. et Wolf, A. P. (1995). « Is methylphenidate like cocaine ? ». *Archives of General Psychiatry*, 52, p. 456-463.

Wallace, R. (1992). *Rappin' and rythming: Raps, songs, cheers, ans smartrope jingles for active learning.* Tucson, AZ: Zephyr.

Wallis, C. (18 juillet 1994). « Life in overdrive ». *Time,* 144(3), p. 43-50.

Walther, M. et Beare, P. (1991). « The effect of videotape feedback on the on-task behavior of student with emotional/behavioral disorders », *Education and Treatment of Children,* 14(1), p. 53-50.

Weinstein, C. S. (1979). « The physical environment of school: A review of the research ». *Review of Educational Research,* 49(4), p. 585.

Weiss, L. (1997). *ADD and creativity.* Dallas, TX: Taylor Publishing.

Whalen, C. K. et Henker, B. (1980). *Hyperactive children: The social ecology of identification and treatment.* New York: Academic Press.

Whalen, C. K. et Henker, B. (1991). « Therapies for hyperactive children: Comparisons, combinations, and compromises ». *Journal of Consulting and Clinical Psychology,* 59(1), p. 126-137.

Whalen, C. K., Henker, B., Hinshaw, S. P., Heller, T. et Huber-Dressler, A. (1991). « Messages of medication: Effects of actual versus informed medication status on hyperactive boys' expectancies and self-evaluations ». *Journal of Consulting and Clinical Psychology,* 59(4), p. 602-606.

Williams, M. (1996). *Cool cats, calm kids: Relaxation and stress management for young people.* San Luis Obispo, CA: Impact.

Wolterdorf, M. A. (1992). « Videotape self-modeling in the treatment of attention-deficit hyperactivity disorder ». *Child and Family Behavior Therapy,* 14(2), p. 53-73.

Yelich, G. et Salamone, F. J. (1994). « Constructivist interpretation of attention-deficit hyperactivity disorder ». *Journal of Construtivist Psychology,* 7(3), p. 191-212.

Zagar, R. et Bowers, N. D. (juillet 1983). « The effect of time of day on problem solving and classroom behavior ». *Psychology in Schools*, 20, p. 337-345.

Zametkin, A. J., Nordhal, T. E., Gross, M., King, A. C., Semple, W. E., Rumsey, J., Hamburger, S. et Cohen, R. M. (15 novembre 1990). « Cerebral glucose metabolism in adults with hyperactivity of childhood onset ». *New England Journal of Medicine*, 323(20), p. 1413-1416.

Zametkin, A. J., Liebenauer, L. L., Fitzgerald, G. A., King, A. C., Minkunas, D. V., Herscovich, P., Yamada, E. M. et Cohen, R. M. (mai 1993). « Brain metabolism in teenagers with attention-deficit hyperactivity disorder ». *Archives of General Psychiatry*, 50, p. 333-340.

Zentall, S. (1975). « Optimal stimulation as a theoretical basis of hyperactivity ». *American Journal of Orthopsychiatry*, 45(4), p. 549-563.

Zentall, S. (1980). « Behavioral comparisons of hyperactive and normally active children in natural settings ». *Journal of Abnormal Child Psychology*, 8(1), p. 93-109.

Zentall, S. (1988). « Production deficiencies on elicited language but not in the spontaneous verbalizations of hyperactive children ». *Journal of Abnormal Child Psychology*, 16(6), p. 657-673.

Zentall, S. (1993 a). « Research on the educational implications of attention deficit hyperactivity disorder ». *Exceptional Children*, 60(2), p. 143-153.

Zentall, S. (1993 b). « Outcomes of ADD: Academic and social performance and their related school and home treatments ». *CH.A.D.D. Fourth Annual Conference, Chicago, October 15-17, 1992*. Plantation, FL: CH.A.D.D.

Zentall, S. et Kruczek, T. (1988). « The attraction of color for active attention-problem children ». *Exceptional Children*, 54(4), p. 357-362.

Zentall, S. et Zentall, T. R (1976). « Activity and task performance of hyperactive children as a function of environmental stimulation ». *Journal of Counsulting and Clinical Psychology*, 44(5), p. 693-697.

Zentall, S. et Zentall, T. R. (1983). « Optimal stimulation : A model of disordered activity and performance in normal and deviant children ». *Psychological Bulletin*, 94(3), p. 446-471.

Zoldan, D. (23 juillet 1997). *Ritalin teens can forget about the military,* Scripps Howard News Service.

Index

Enfant
  difficile, 48-49
  facile, 49
  global, 52, 54
  lent à comprendre, 48
Enseignants
  au préscolaire, 42
  en tant qu'experts parmi
    d'autres professionnels,
    55
  et la gestion des
    comportements, 100-105
  et l'apprentissage
    périphérique non
    formel, 65-68
  et l'autorité, 30-31
  et le « discours intérieur »,
    72
  et le maintien d'une image
    positive chez les enfants
    TDA/H, 86-88
  et le parcours
    d'apprentissage, 63
  et les activités de
    manipulation, 81
  et les échelles de
    classement de
    comportements, 13
  et les effets du Ritalin, 15-
    17, 45-46
  et les mouvements des
    enfants dans la classe,
    77-80
  et l'espace dans la classe,
    94-96
  et les « questions
    éducatives », 40
  et les rythmes circadiens,
    96-97
  et leur rôle dans la
    compréhension des
    styles d'apprentissage de
    l'enfant, 37-40
  et leur rôle dans la
    promotion des habiletés
    sociales, 90
Environnement(s)
  rôle de l', 4, 8
  très stimulants, 37, 95-96
  voir aussi Environne-
    ments d'apprentissage
Équipe
  approche basée sur l', 50-51
Erikson, Erik, 46
Escalante, Jaime, 67
Espace, 94-96
Esprit non linéaire, 69
Estime de soi, 57
Étiquetage négatif, 86
Étiquette(s)
  stigmatisme de l', 57
  usage des, 33-35, 39
Études génétiques, 6-9
Évaluation authentique, 55,
  62, 63
Examens médicaux, 12, 25
Exercice laborieux
  attention centrée sur l', 66
Expression artistique, 84, 85-
  86

◆ **F** ◆

Feedback voir Stratégies
  comportementales
Forbes, Le (magazine), 45
Freud, Sigmund, 46

Tomographie par émission de
positrons (TEP)
études basées sur la, 3
Traitements psychopharma-
ceutiques, 26, 59
voir aussi Ritalin
Traumatisme émotionnel, 46,
55
Turecki, Stanley, 48
Tutorat par les pairs ou en
groupes multiâges, 92-93

◆ **U** ◆

« 1-2-3-Magique ! », 102
Unités d'apprentissage
présentées étape par étape,
68
Univers émotionnel intime,
84-85

◆ **V** ◆

Variables confondantes, 20
Vision
recherche de, 74
Visualisation, 72-74, 80, 88

◆ **W** ◆

Wisconsin Card Sort Test, 14

◆ **Y** ◆

Yoga, 74, 80, 83

◆ **Z** ◆

Zametkin, Alan. J., 3-4, 6
Zentall, Sydney, 61-62

Chenelière/Didactique

Collection Rivière Bleue

Éducation aux valeurs par le théâtre
Louis Cartier, Chantale Métivier

- SOIS POLI, MON KIKI (la politesse, 6 à 9 ans)
- LES PETITS PLONGEONS (l'estime de soi, 6 à 9 ans)
- AH! LES JEUNES, ILS NE RESPECTENT RIEN (les préjugés, 9 à 12 ans)
- COUP DE MAIN (la coopération, 9 à 12 ans)

Et si un geste simple donnait des résultats...

Guide d'intervention personnalisée auprès des élèves
Hélène Trudeau et coll.

J'apprends à être heureux
Robert A. Sullo

La réparation : pour une restructuration de la discipline à l'école
Diane C. Gossen

- MANUEL
- GUIDE D'ANIMATION

La théorie du choix
William Glasser

L'éducation aux droits et aux responsabilités au primaire
Commission des droits de la personne et des droits de la jeunesse du Québec

L'éducation aux droits et aux responsabilités au secondaire
Commission des droits de la personne et des droits de la jeunesse du Québec

Mon monde de qualité
Carleen Glasser

PACTE : Un programme de développement d'habiletés socio-affectives
B. W. Doucette, S. M. Fowler

- TROUSSE POUR 4ᵉ À 7ᴱ ANNÉE (PRIMAIRE)
- TROUSSE POUR 7ᵉ À 12ᴱ ANNÉE (SECONDAIRE)

Relevons le défi

Guide sur les questions liées à la violence à l'école
Ouvrage collectif

Ec ÉDUCATION À LA COOPÉRATION

Ajouter aux compétences
Enseigner, coopérer et apprendre au postsecondaire
Jim Howden, Marguerite Kopiec

Apprendre la démocratie
Guide de sensibilisation et de formation selon l'apprentissage coopératif
C. Évangéliste-Perron, M. Sabourin, C. Sinagra

Apprenons ensemble
L'apprentissage coopératif en groupes restreints
Judy Clarke et coll.

Découvrir la coopération
Activités d'apprentissage coopératif pour les enfants de 3 à 8 ans
B. Chambers et coll.

Je coopère, je m'amuse
100 jeux coopératifs à découvrir
Christine Fortin

La coopération au fil des jours
Des outils pour apprendre à coopérer
Jim Howden, Huguette Martin

La coopération en classe
Guide pratique appliqué à l'enseignement quotidien
Denise Gaudet et coll.

L'apprentissage coopératif
Théories, méthodes, activités
Philip C. Abrami et coll.

Le travail de groupe
Stratégies d'enseignement pour la classe hétérogène
Elizabeth G. Cohen

Structurer le succès
Un calendrier d'implantation de
la coopération
Jim Howden, Marguerite Kopiec

E ÉVALUATION ET COMPÉTENCES

**Comment construire des compétences
en classe**
Des outils pour la réforme
Steve Bisonnette, Mario Richard

Construire la réussite
L'évaluation comme outil
d'intervention
R. J. Cornfield et coll.

**Le plan de rééducation individualisé
(PRI)**
Une approche prometteuse pour préve-
nir le redoublement
Jacinthe Leblanc

**Le portfolio au service de l'apprentis-
sage et de l'évaluation**
*Roger Farr, Bruce ToneAdaptation fran-
çaise : Pierrette Jalbert*

Portfolios et dossiers d'apprentissage
Georgette Goupil
• VIDÉOCASSETTE

Profil d'évaluation
Une analyse pour personnaliser votre
pratique
Louise M. Bélair
• GUIDE DU FORMATEUR

G GESTION DE CLASSE

À la maternelle... voir GRAND !
Louise Sarrasin, Marie-Christine Poisson

Apprendre... c'est un beau jeu
L'éducation des jeunes enfants dans un
centre préscolaire
M. Baulu-MacWillie, R. Samson

Construire une classe axée sur l'enfant
S. Schwartz, M. Pollishuke

Je danse mon enfance
Guide d'activités d'expression corpo-
relle et de jeux en mouvement
Marie Roy

La classe interculturelle
Guide d'activités et de sensibilisation
Cindy Bailey

La multiclasse
Outils, stratégies et pratiques pour la
classe multiâge et multiprogramme
*Colleen Politano, Anne DaviesAdapta-
tion française : Monique Le Pailleur*

Le conseil de coopération
Un outil pédagogique pour l'organisation de la vie de classe et la gestion des
conflits
Danielle Jasmin

L'enfant-vedette (vidéocassette)
Alan Taylor, Louise Sarrasin

Quand les enfants s'en mêlent
Ateliers et scénarios pour une meilleure
motivation
Lisette Ouellet

Quand revient septembre...
Jacqueline Caron
• GUIDE SUR LA GESTION DE CLASSE
PARTICIPATIVE (VOLUME 1)
• RECUEIL D'OUTILS ORGANISATIONNELS
(VOLUME 2)

L LANGUE ET COMMUNICATION

À livres ouverts
Activités de lecture pour les élèves
du primaire
Debbie Sturgeon

Attention, j'écoute
Jean Gilliam DeGaetano

Conscience phonologique
*Marilyn J. Adams, Barbara R. Foorman,
Ingvar Lundberg, Terri Beeler*

École et habitudes de lecture
Étude sur les perceptions d'élèves
québécois de 9 à 12 ans
Flore Gervais

Histoire de lire
La littérature jeunesse dans l'enseignement quotidien
Danièle Courchesne

L'apprenti lecteur
Activités de conscience phonologique
Brigitte Stanké

Le français en projets
Activités d'écriture et de communication orale
Line Massé, Nicole Rozon, Gérald Séguin

**Le théâtre dans ma classe,
c'est possible!**
Lise Gascon

Lire et écrire à la maison
Programme de littératie familiale favorisant l'apprentissage de la lecture
*Lise Saint-Laurent, Jocelyne Giasson,
Michèle Drolet*

Plaisir d'apprendre
Louise Dore, Nathalie Michaud

Une phrase à la fois
Brigitte Stanké, Odile Tardieu

P PARTENARIAT ET LEADERSHIP

Amorcer le changement
Diane Gossen, Judy Anderson

**Communications et relations entre
l'école et la famille**
Georgette Goupil

Devoirs sans larmes
Lee Canter
- GUIDE À L'INTENTION DES PARENTS
  POUR MOTIVER LES ENFANTS À FAIRE
  LEURS DEVOIRS ET À RÉUSSIR À L'ÉCOLE
- GUIDE POUR LES ENSEIGNANTES ET LES
  ENSEIGNANTS DE LA 1re À LA 3E ANNÉE
- GUIDE POUR LES ENSEIGNANTES ET LES
  ENSEIGNANTS DE LA 4e À LA 6E ANNÉE

Enseigner à l'école qualité
William Glasser

L'approche-service appliquée à l'école
Une gestion centrée sur les personnes
Claude Quirion

**Nouveaux paradigmes pour la création
d'écoles qualité**
Brad Greene

Pour le meilleur… jamais le pire
Prendre en main son devenir
Francine Bélair

S SCIENCES ET MATHÉMATIQUES

**Cinq stratégies gagnantes
pour l'enseignement des sciences
et de la technologie**
Laurier Busque

De l'énergie, j'en mange!
Alimentation à l'adolescence : information et activités
Carole Lamirande

**Éducation technologique
de la 1re à la 9e année**
Daniel Hupé

La classe verte
101 activités pratiques sur
l'environnement
Adrienne Mason

La pensée critique en mathématiques
Guide d'activités
Anita Harnadek

**Les mathématiques selon les normes
du NCTM, 9e à 12e année**
- ANALYSE DE DONNÉES ET STATISTIQUES
- GÉOMÉTRIE SOUS TOUS LES ANGLES
- INTÉGRER LES MATHÉMATIQUES
- UN PROGRAMME QUI COMPTE POUR
  TOUS

Question d'expérience
Activités de résolution de problèmes en
sciences et en technologie
David Rowlands

Sciences en ville
J. Bérubé, D. Gaudreau

Supersciences
Susan V. Bosak

- À LA DÉCOUVERTE DES SCIENCES
- L'ENVIRONNEMENT
- LE RÈGNE ANIMAL
- LES APPLICATIONS DE LA SCIENCE
- LES ASTRES
- LES PLANTES
- LES ROCHES
- LE TEMPS
- L'ÊTRE HUMAIN
- MATIÈRE ET ÉNERGIE

Un tremplin vers la technologie
Stratégies et activités multidisciplinaires
Ouvrage collectif

La classe branchée
Enseigner à l'ère des technologies
Judith H. Sandholtz et coll.

T ► *Technologies de l'information et des communications*

La classe multimédia
A. Heide, D. Henderson

L'ordinateur branché à l'école
Du préscolaire au 2e cycle
Marie-France Laberge, Louise Dore, Nathalie Michaud

L'ordinateur branché à l'école
Scénarios d'apprentissage
Marie-France Laberge

Points de vue sur le multimédia interactif en éducation
Entretiens avec 13 spécialistes européens et nord-américains
Claire Meunier

POUR PLUS DE RENSEIGNEMENTS OU POUR COMMANDER, COMMUNIQUEZ AVEC NOTRE SERVICE À LA CLIENTÈLE AU (514) 273-8055.

Chenelière/McGraw-Hill
7001, boul. Saint-Laurent
Montréal (Québec)
Canada H2S 3E3
Téléphone : (514) 273-1066
Télécopieur : (514) 276-0324
chene@dlcmcgrawhill.ca

Si vous avez aimé ce livre et désirez en savoir plus sur le sujet, ou sur diverses présentations ou formations offertes, vous pouvez communiquer avec moi en utilisant l'une ou l'autre des possibilités que vous retrouverez dans l'encadré ci-dessous.

Gervais Sirois

Gervais Sirois
CEDEP inc.*
40, rue Flandres
Rimouski (Québec) G5L 2L5
Téléphone : (418) 725-4076
Télécopieur : (418) 721-3896
Courriel : gsirois@cgocable.ca
*CEDEP : Centre d'étude et de développement pédagogique inc.